500 Hidden Secrets

DEN HAAG

BRUCKMANN

EINLEITUNG

Den Haag ist aus vielen Gründen eine Reise wert: Die einzige größere niederländische Stadt am Meer ist nicht nur Sitz der Regierung und des Königshauses, sondern auch weltweit als Stadt des Friedens und der Gerechtigkeit bekannt. Außerdem kann Den Haag auf eine lange und reiche Geschichte zurückblicken und die vielen hier ansässigen internationalen Organisationen sorgen für ein internationales Flair.

Dieses Buch führt Sie abseits der ausgetretenen Pfade zu interessanten und oft unbekannten Orten. Zu beeindruckenden Ausblicken auf die Küste ebenso wie zu sehenswerter Hochhausarchitektur, wunderschönen »geheimen« Gärten und historischen Innenhöfen. Es zeigt Ihnen auch, wo Sie den besten Matjeshering oder indonesisches Essen probieren oder selbst echt niederländischen Wein herstellen können.

Stellen Sie sich dieses Buch wie einen guten Freund vor, der seine besten Tipps mit Ihnen teilt, damit Sie sich wie ein Einheimischer fühlen können. Finden Sie Ruhe an einem idyllischen Strandabschnitt, probieren Sie ein Klosterbier oder entdecken Sie moderne Kunst in einem ehemaligen Kraftwerk. Und auch die bekannten Attraktionen überraschen mit immer neuen Facetten, zum Beispiel einem modernen Deckengemälde im Mauritshuis oder dem Garten des Friedenspalastes.

ÜBER DAS BUCH

Dieser Reiseführer listet 500 wissenswerte Tipps zu Den Haag in 100 verschiedenen Kategorien auf. Bei den meisten handelt es sich um Orte, deren Besuch sich lohnt, und praktische Informationen, die Ihnen helfen sollen, sich zurechtzufinden und die Stadt und ihre Bewohner besser kennenzulernen. Dieses Buch soll inspirieren, anstatt die Stadt von A bis Z zu erfassen.

Zu jedem Eintrag sind eine Nummer, die Adresse sowie der jeweilige Stadtbezirk (z. B. Scheveningen oder Haagse Hout) angegeben, damit Sie die Orte auf den Karten am Anfang des Buches finden. Suchen Sie nach der Karte des entsprechenden Stadtteils und dann nach der Nummer. Wichtiger Hinweis: Diese Karten sind nicht besonders detailliert und können nur einen groben Überblick geben. Einen genaueren Stadtplan erhalten Sie bei jeder Touristeninformation oder im Hotel. Oder geben Sie die Adresse in Ihr Smartphone ein.

Bitte denken Sie daran, dass eine Großstadt wie Den Haag sich ständig verändert, dass der hochgelobte Chefkoch vielleicht ausgerechnet bei Ihrem Besuch einen schlechten Tag hat. Oder dass ein in diesem Buch so ausgezeichnet bewertetes Hotel inzwischen unter neuem Management vielleicht seine Qualität eingebüßt hat. Dazu ist die hier vorgestellte Auswahl eine sehr persönliche, mit der Sie nicht immer übereinstimmen werden. Wenn Sie einen Kommentar hinterlassen, eine Bar empfehlen oder Ihren Lieblingsort verraten wollen, besuchen Sie bitte *the500hiddensecrets.com* – hier finden Sie auch Tipps und Neuigkeiten zu dieser Buchreihe – oder folgen Sie *@500hiddensecrets* auf Instagram.

DIE AUTORIN

Tal Maes zog mit Anfang zwanzig nach Den Haag und verliebte sich sofort in die Stadt am Meer. Sie schätzt die kreative Energie ihres urbanen Umfelds ebenso wie die überraschend vielfältige Natur in Form von Stränden, Parks und Wäldern in und rund um die Stadt.

Tal ist gerne an der frischen Luft, ob mit dem Fahrrad oder beim Wandern, bei einem Picknick oder Bootsausflug. Als Fotografin sowie als Autorin, die über Essen und Reisen schreibt, interessiert sie sich gleichzeitig sehr für das Stadtleben. Ob Museen, Kulturevents, Festivals, Restaurants, Bars oder Geschäfte: Tal weiß immer, wo ein neuer Laden aufmacht oder gerade ein Event stattfindet. In Den Haag begegnet man ihr häufig auf dem Rad und mit der Kamera in der Hand. So fährt sie kreuz und quer durch die Stadt – immer auf der Suche nach allem, was neu und hip oder versteckt und selten ist.

Tal hat Den Haag schon oft fotografiert und über die Stadt geschrieben, daher war es für sie ein Leichtes, ihre 500 liebsten Haager Orte und Besonderheiten aufzulisten. Trotzdem wäre dieses Buch ohne die hingebungsvolle Hilfe ihres Mannes HP, der ebenso leidenschaftlich wie sie immer neue Seiten Den Haags entdeckt, sowie ohne die wertvollen Tipps von Einheimischen und Freunden nicht möglich gewesen. All diesen Menschen möchte Tal ihren Dank aussprechen.

DEN HAAG

Übersicht

Karte 1

ZENTRUM

ALTSTADT, CHINATOWN *und* STATIONSBUURT

ESSEN – TRINKEN – SHOPPEN – GEBÄUDE – ENTDECKEN – KULTUR – KINDER – SCHLAFEN – WOCHENENDE – QUERBEET

ESSEN – TRINKEN – SHOPPEN – GEBÄUDE – ENTDECKEN – KULTUR – KINDER – SCHLAFEN – WOCHENENDE – QUERBEET

Karte 2

ZENTRUM

HOFKWARTIER *und* VOORHOUT

ESSEN – TRINKEN – SHOPPEN – GEBÄUDE – ENTDECKEN – KULTUR – KINDER – SCHLAFEN – WOCHENENDE – QUERBEET

UILEBOMEN *und* STATIONSBUURT

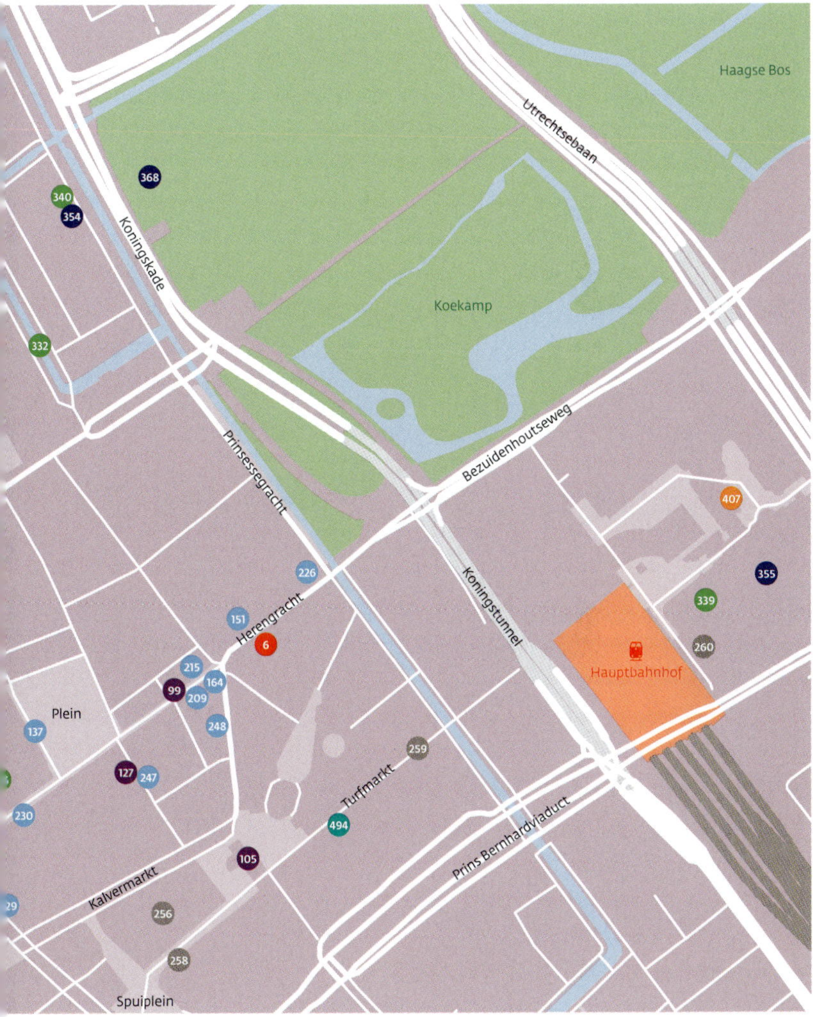

ESSEN – TRINKEN – SHOPPEN – GEBÄUDE – ENTDECKEN – KULTUR – KINDER – SCHLAFEN – WOCHENENDE – QUERBEET

Karte 3

SCHEVENINGEN

STATENKWARTIER, ZORGVLIET

und DUINOORD

ESSEN — TRINKEN — SHOPPEN — GEBÄUDE — ENTDECKEN — KULTUR — KINDER — SCHLAFEN — WOCHENENDE — QUERBEET

Karte 4

ZENTRUM

ARCHIPEL, WILLEMSPARK *und* ZEEHELDENKWARTIER

ESSEN – TRINKEN – SHOPPEN – GEBÄUDE – ENTDECKEN – KULTUR – KINDER – SCHLAFEN – WOCHENENDE – QUERBEET

Karte 5

SCHEVENINGEN

WESTDUINPARK, HAFEN, STRAND, ALTSTADT *und* VISSERIJBUURT

ESSEN – TRINKEN – SHOPPEN – GEBÄUDE – ENTDECKEN – KULTUR – KINDER – SCHLAFEN – WOCHENENDE – QUERBEET

BELGISCH PARK, WESTBROEKPARK *und* SCHEVENINGSE BOSJES

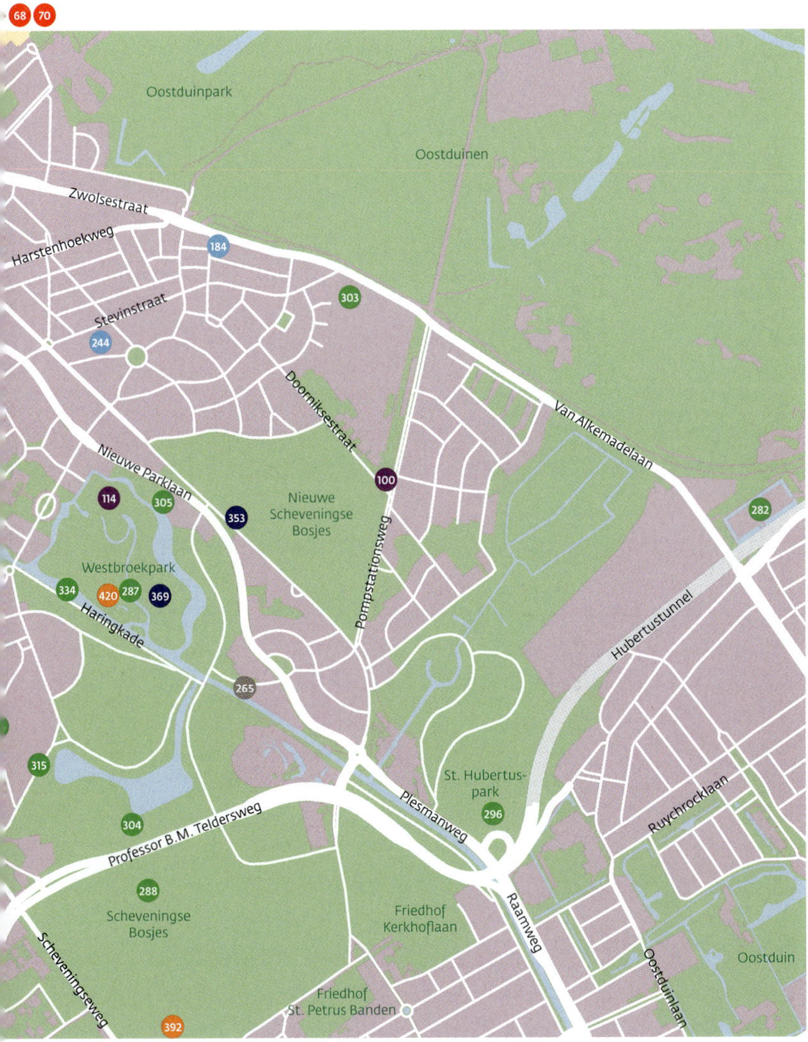

ESSEN – TRINKEN – SHOPPEN – GEBÄUDE – ENTDECKEN – KULTUR – KINDER – SCHLAFEN – WOCHENENDE – QUERBEET

Karte 6

HAAGSE HOUT

und NÖRDLICHES UMLAND

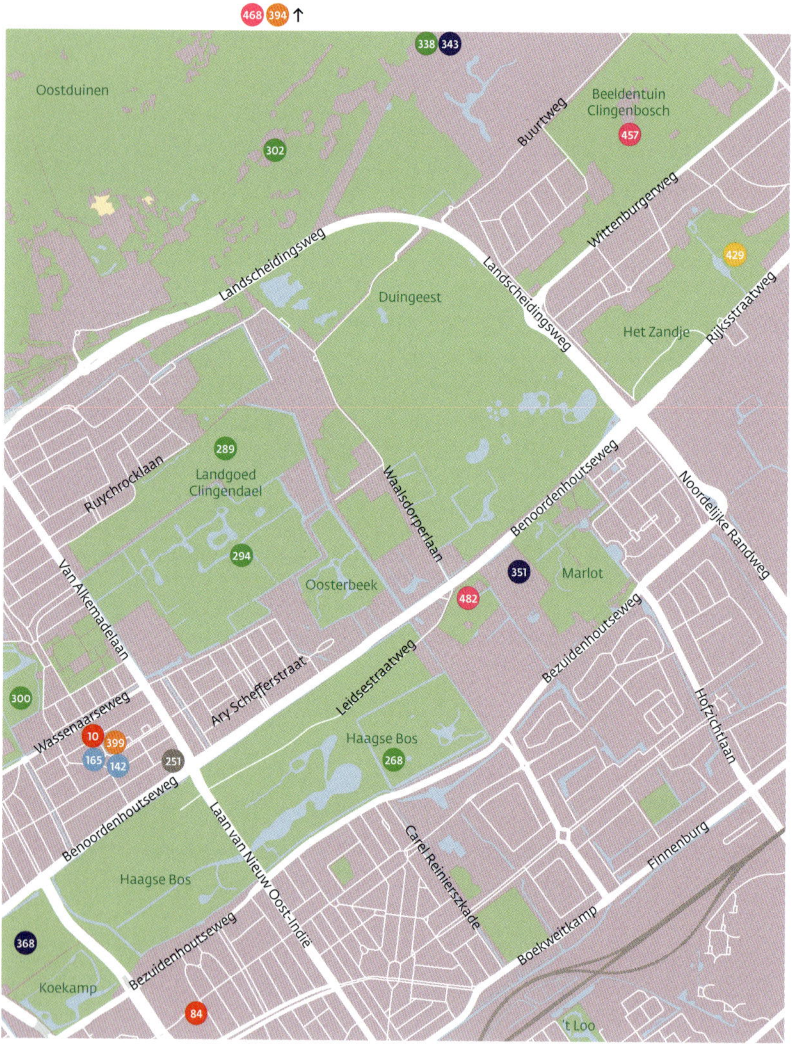

ESSEN – TRINKEN – SHOPPEN – GEBÄUDE – ENTDECKEN – KULTUR – KINDER – SCHLAFEN – WOCHENENDE – QUERBEET

Karte 7

OSTEN

LAAK, VOORBURG *und* LEIDSCHENVEEN-YPENBURG

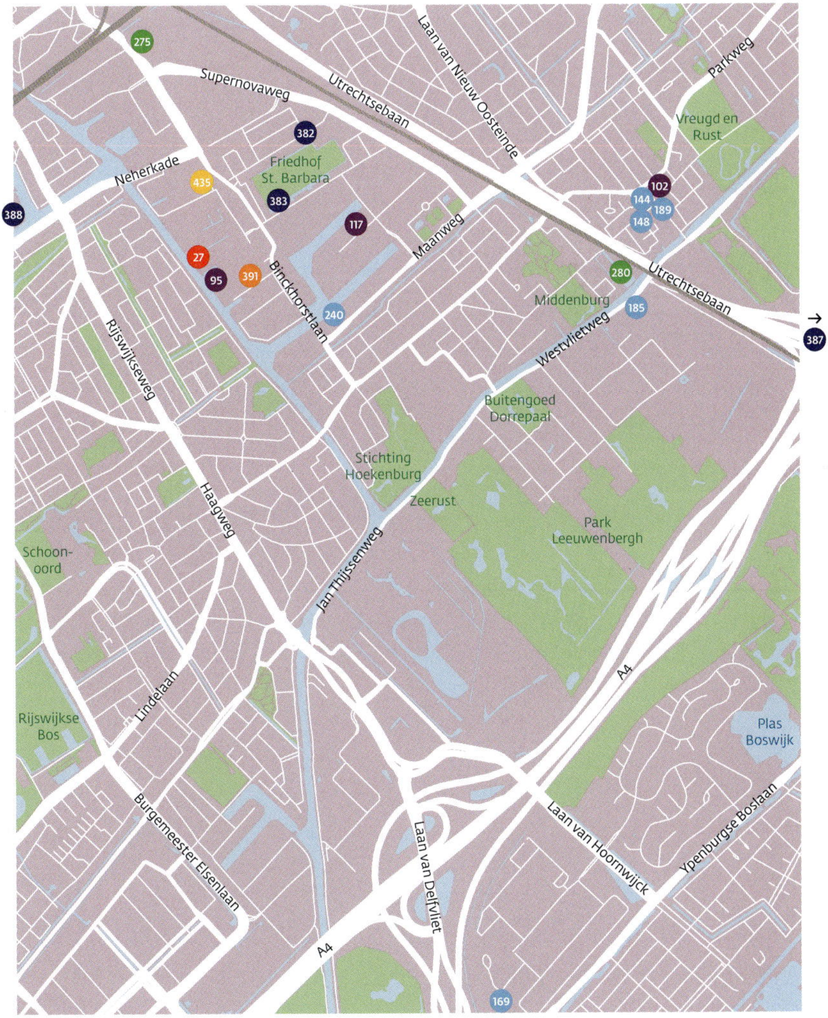

ESSEN – TRINKEN – SHOPPEN – GEBÄUDE – ENTDECKEN – KULTUR – KINDER – SCHLAFEN – WOCHENENDE – QUERBEET

Karte 8

SEGBROEK

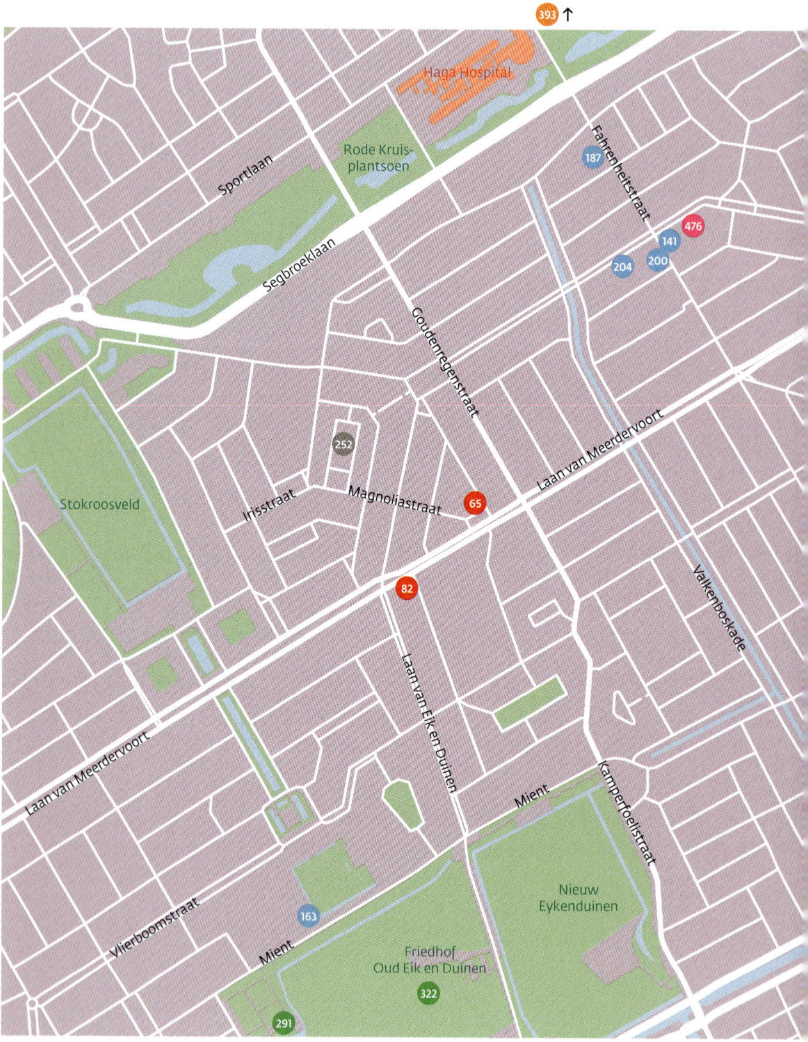

ESSEN – TRINKEN – SHOPPEN – GEBÄUDE – ENTDECKEN – KULTUR – KINDER – SCHLAFEN – WOCHENENDE – QUERBEET

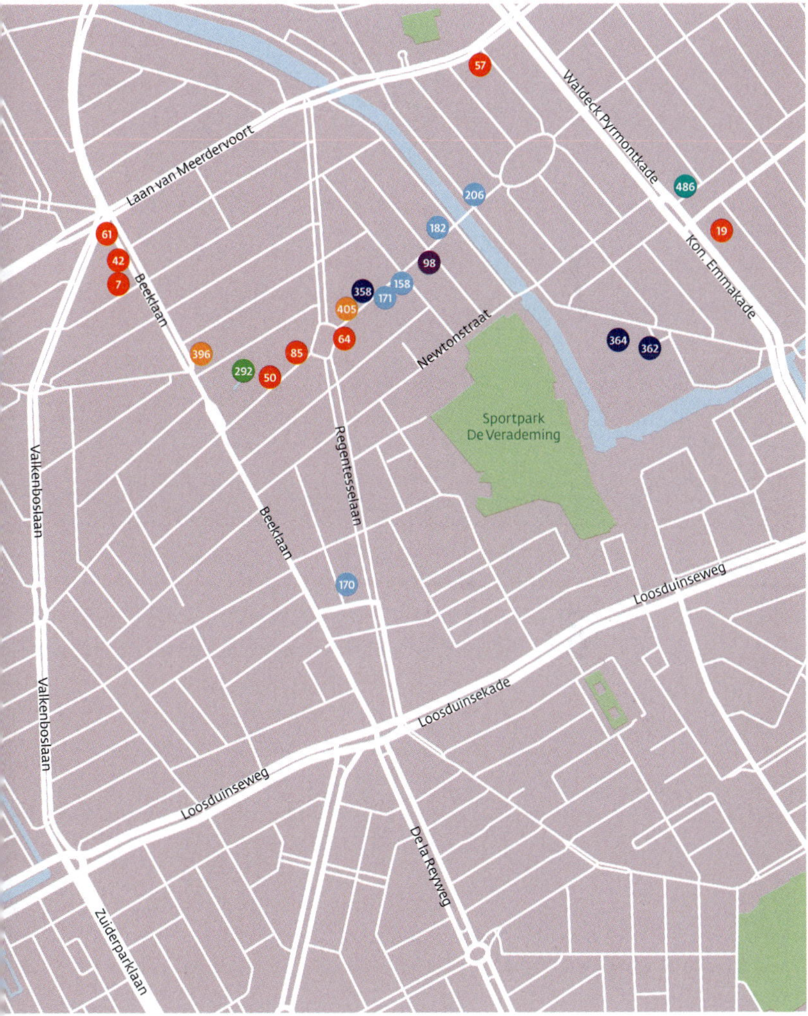

ESSEN – TRINKEN – SHOPPEN – GEBÄUDE – ENTDECKEN – KULTUR – KINDER – SCHLAFEN – WOCHENENDE – QUERBEET

Karte 9

SÜDEN

LOOSDUINEN *und* SÜDLICHES UMLAND

ESSEN – TRINKEN – SHOPPEN – GEBÄUDE – ENTDECKEN – KULTUR – KINDER – SCHLAFEN – WOCHENENDE – QUERBEET

ESCAMP, SCHILDERSWIJK *und* SÜDLICHES UMLAND

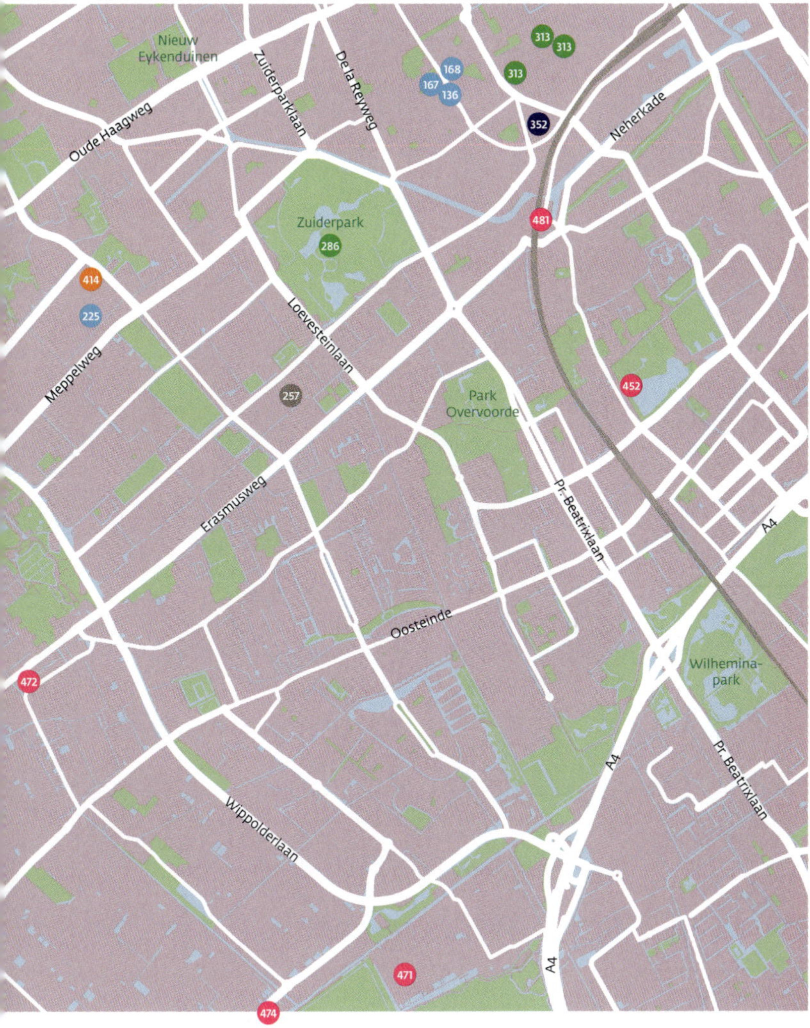

ESSEN – TRINKEN – SHOPPEN – GEBÄUDE – ENTDECKEN – KULTUR – KINDER – SCHLAFEN – WOCHENENDE – QUERBEET

90 ORTE FÜR GUTES ESSEN

Die 5 besten Lokale für
FRÜHSTÜCK UND BRUNCH

1 **PEPPERMINT**
Frederikstraat 983
Willemspark ④
+31 (0)70 365 91 82

Im Peppermint hat sich seit seiner Eröffnung 1973 kaum etwas verändert. Das gilt auch für die Speisekarte: Hippe Overnight-Oats oder Açai-Bowls sucht man hier vergeblich, dafür gibt es das gute alte Rührei oder *uitsmijters* (Brot mit Spiegelei, Schinken und Käse). Die bekannte niederländische Köchin Yvette van Boven arbeitete früher hier. An den Wänden stehen noch einige Rezepte in ihrer charakteristischen Handschrift.

2 **CRUNCH**
Piet Heinstraat 108a
Zeeheldenkwartier ④
+31 (0)70 364 05 52
crunchcafe.nl

Nettes, angesagtes Café, in dem man frühstücken oder einen Kaffee trinken kann. Am Wochenende wird es schon mal voll, denn das *full English breakfast* mit Würstchen, gebackenen Bohnen und allem Drum und Dran sowie der gute Kaffee erfreuen sich großer Beliebtheit. Sehr lecker sind auch die Pfannkuchen, French Toasts und Bagels.

1 PEPPERMINT

3 **DE OVERKANT**
Stationsweg 32
Stationsbuurt ①
+31 (0)70 445 14 80
naardeoverkant.nl

Bei den Haagern besonders beliebt zum Frühstücken, Mittagessen und wegen des hausgemachten Kuchens. De Overkant öffnet um 8 Uhr – perfekt für einen frühmorgendlichen Kaffee in entspannter Atmosphäre, dazu ein Croissant oder ein Sandwich und einen frisch gepressten Saft. Im Sommer sitzt es sich ganz wunderbar im Außenbereich im angrenzenden Park.

4 **CLUB VERS**
Stationsweg 136a
Stationsbuurt ①
+31 (0)70 891 28 60
clubvers.nl

Trendiges Tagesrestaurant, das für jeden etwas zu bieten hat, egal ob Vegetarier, Veganer oder Fleischliebhaber – und auch für die Kleinen ist immer etwas Leckeres dabei. Gesunde Ernährung wird großgeschrieben, es gibt viel frisches Obst und Gemüse. Hier können Sie mit einer Pitaya-Smoothie-Bowl oder Pfannkuchen mit hausgemachtem Schoko-Haselnuss-Aufstrich und Erdbeeren in einen gemütlichen Sonntag starten.

5 **SAM SAM**
Noordeinde 162
Hofkwartier ②
+31 (0)70 406 10 57
samsamdenhaag.nl

In diesem angesagten, modernen Café stellen Sie sich Ihr eigenes gesundes Frühstück oder Mittagessen zusammen. Wählen Sie zuerst eine Grundlage aus (eine Açai- oder Green-Bowl oder einen Joghurt) und dazu dann nach Belieben verschiedene Samen, Körner und Nüsse. Zum Angebot gehört auch Toast mit Ei und verschiedenen Toppings, zum Beispiel Avocado, Spinat oder Lachs.

Die 5 tollsten Adressen für ein MITTAGESSEN

6 **BARTINE**
Herengracht 11a
Zentrum ②
+31 (0)70 204 24 44
bartine.co

Das mitten in einem Einkaufsviertel liegende Bartine eignet sich perfekt zum Mittagessen. Die einfallsreichen nahöstlichen Speisen wie persisches Omelette mit Kräutern und *labneh* sind nicht nur eine wahre Augenweide, sondern außerdem eine wahre Geschmacksexplosion.

7 **POMPERNIKKEL**
Beeklaan 370
Segbroek ⑧
+31 (0)70 737 00 44
pompernikkel.nl

Hippes Lokal mit einfacher Küche aus hochwertigen Zutaten. Die beiden Inhaber schätzen hausgemachtes Bio-Brot, Gebäck und Pizza. Hier kann man drinnen oder draußen unter den leuchtend orangen Sonnenschirmen zu Mittag essen. Auch zum Frühstücken oder Kaffeetrinken geeignet.

8 **PIM**
Prins Hendrikstraat 113
Zeeheldenkwartier ③
+31 (0)70 213 08 88
pimcoffee.nl

Entspannte Imbissstube mit Vintage-Einrichtung. Tee und Kaffee in vielen Varianten, gesunde Salate, kalte und warme belegte Brote – und gegrillte Käsesandwiches in originellen Variationen. Alles wird in der offenen Küche frisch zubereitet. Sonnige Terrasse.

9 **HAVER**

Reinkenstraat 103
Scheveningen – Duinoord ③
+31 (0)70 213 63 99
proefhaver.nl

Seit seiner Eröffnung 2016 ist dieses Nachbarschaftscafé ein Hit bei den Haagern. Auf der Mittagskarte finden sich viele gesunde Gerichte, allesamt frisch und mit jeder Menge Gemüse zubereitet. Ausgezeichnete vegetarische und vegane Sandwiches mit Avocado, Mango, Minze und Paprika-Cashewnuss-Aufstrich.

10 **LE PETIT QUARTIER**

Van Hoytemastraat 96
Haagse Hout ⑥
+31 (0)70 800 21 22
petit-quartier.nl

Das zwanglose, lebendige Le Petit Quartier ist in dem eher ruhigen Viertel eine willkommene Abwechslung. Hier kann man seine Kinder mitbringen und Freunde zum Mittagessen treffen. Belegte Baguettes, Salate und eine hausgemachte Tagessuppe, abends einfache, aber gute Pasta.

8 PIM

5 *Lokale mit leckerem*

GESUNDEN ESSEN

11 **OHANA POKÉ & MORE**
Prinsestraat 18
Hofkwartier ②
+31 (0)70 737 05 80
ohanapoke.nl

Poke ist lecker *und* gesund und aus der Foodie-Welt nicht mehr wegzudenken. Dieses kleine Lokal serviert als Mittag- oder frühes Abendessen Bowls und *sushirrito* – ein »Sushi-Burrito« gefüllt mit Reis, Gemüse, Shrimps, Thunfisch, Tofu oder Hühnchen.

12 **SAPLAB SLOWJUICE**
Denneweg 8
Voorhout ②
+31 (0)6 25 35 03 02
saplab.nl

Coole kleine Slow-Juice-Bar mitten im Herzen der Stadt. Die Schwestern Elise und Caroline sorgen nicht nur mit tollen Säften, Smoothies oder Boostern, sondern auch mit gesunden Bowls und Snacks für gute Laune.

13 **PISTACHE CAFÉ**
Prinsestraat 134
Hofkwartier ②
+31 (0)70 362 62 10
pistache-cafe.nl

Hübsches kleines Café an einer der lebhaftesten Straßen Den Haags. Moderne Küche mit gesunden Sandwiches, Salaten, Panini, Smoothies und frisch gepressten Säften. Sie können sich sogar einen reich gefüllten Picknickkorb zusammenstellen lassen und mit in den gegenüberliegenden Palastgarten nehmen.

14 **BUDDHA BOWL**
Prins Hendrik-plein 22
Zeeheldenkwartier ④
+31 (0)70 225 16 10
buddhabowl.business.site

Innere Ruhe bei Slow Juice, Smoothies, einer Buddha Bowl oder der Holi-Moli-Dal-Suppe. Dieses Lokal mit gesundem Essen und lockerer Atmosphäre passt perfekt in das junge, lebendige Viertel. Gleich nebenan befindet sich ein beliebtes Yogastudio und viele schauen vor oder nach dem Unterricht hier vorbei.

15 **JUNI CAFÉ**
HET NUTSHUIS
Riviervismarkt 5
Altstadt ①
+31 (0)70 820 07 94
junilekkernijen.nl

Das vielleicht bestversteckte Café von ganz Den Haag befindet sich im Nutshuis, einer ehemaligen Bank. Gemüse aus dem Nutstuin (dem zugehörigen Öko-Garten) garantiert ein gesundes Frühstück oder Mittagessen. Bio-Sandwiches, Veggie-Teller an der Salatbar und sehr leckerer hausgemachter Kuchen.

15 JUNI CAFÉ

Die 5 besten VEGETARISCHEN UND VEGANEN Restaurants

16 **FOAM**
Frederikstraat 44
Willemspark ④
+31 (0)70 752 21 41
foam-den-haag.nl

Einfallsreiche Gerichte wie gegrillte Käsesandwiches mit Cashewfrischkäse oder fabelhafte Pfannkuchen mit Salted-Caramel-Sauce, die garantiert auch Fleischliebhaber überzeugen. Im Sommer wird das Mittagessen in dem hübschen kleinen Garten serviert. Ein absolutes Muss!

17 **SHAKSHUKA**
Prinsestraat 73a
Zentrum ②
+31 (0)6 34 54 45 77

Nahöstliche Küche mit mediterranem Touch und hauptsächlich vegetarischen und veganen Gerichten. Neben dem berühmten *shakshuka* gehören auch *mezze*, Sandwichs, Salate, veganes Kebab sowie tolle Cocktails und Desserts zum Angebot.

18 **PLENTY**
Piet Heinstraat 37
Zeeheldenkwartier ④
+31 (0)6 58 72 68 93
plentydenhaag.nl

Wunderschönes, angesagtes veganes Tagesrestaurant, dessen Besitzer wahre Meister des veganen Kochens sind. In der offenen Küche wird leckeres Frühstück oder Mittagessen gezaubert, zum Beispiel Blütengranola oder gerösteter Blumenkohl mit *muhammara*.

19 **HAGEDIS**
Waldeck Pyrmontkade 116
Zeeheldenkwartier ③⑧
+31 (0)70 364 04 56
restauranthagedis.nl

Dieses mit wunderschönen Fliesen gestaltete Restaurant befindet sich seit 2004 im Foyer einer ehemaligen Schule. Berühmt für sein veganes Käsefondue. Für alle, die kein Fondue mögen, gibt es noch jede Menge andere vegane Gerichte.

20 **HUMMUS**
Prins Hendrikstraat 60
Zeeheldenkwartier ③
+31 (0)70 888 15 46

Helles, modernes Restaurant mit mediterranen und nahöstlichen Seelenwärmern: *shakshuka*, Falafel, gebratene Auberginen, frittierter Blumenkohl oder samtiger Hummus mit verschiedenen Beilagen, dazu hausgemachtes Pitabrot und knackiger Krautsalat. Außerdem kreative Gerichte wie den Black Sheep Burger mit Halloumi und rauchigem Baba Ganoush in einem schwarzen Brötchen.

5 *gemütliche Restaurants mit* AUSSERGEWÖHNLICHER KÜCHE

21 **BØG**
Prinsestraat 130
Hofkwartier ②
+31 (0)70 406 90 44
bøg.com

Alle Foodies sollten mindestens einmal hier essen. Schickes und doch intimes dänisches Restaurant mit New Nordic Cuisine. Hier ist alles skandinavisch maßvoll und schlicht: von der edlen Holzeinrichtung bis zu dem ausgezeichneten und atemberaubend schön präsentierten Essen. Das Sechsgängemenü aus Bio-Zutaten gibt es auch in einer vegetarischen Variante.

22 **PORTFOLIO**
Prinsestraat 36
Hofkwartier ②
+31 (0)70 219 96 91
portfolio-restaurant.nl

Modernes kleines Restaurant, das Haager Gourmets aller Altersgruppen anzieht. In der offenen Küche wird ein regelmäßig wechselndes Menü mit vielen delikaten kleinen Gängen zubereitet. Beim Essen sitzt man entweder an der Theke, von wo aus man das Treiben in der Küche beobachten kann, oder an einem der – wenigen – Tische. Großartige Naturweine.

23 TOMMY'S & ZUURVEEN

Veenkade 19
Zeeheldenkwartier ④
+31 (0)70 753 22 74
tommysenzuurveen.nl

Fine Dining in entspannter Umgebung. Den Haag kann stolz auf das Tommy's & Zuurveen sein, wo Koch Teun Zuurveen (der schon für die Sterneköche Niven Kunz und Jonnie Boer gearbeitet hat) sowie Eigentümer und Gastgeber Tom Janssen wunderbare Gerichte und eine ebenso wunderbare Atmosphäre zaubern. Sie können zwischen zwei Menüs mit jeweils drei Gängen wählen – eines mit Fisch und Fleisch, eines ohne.

24 OOGST

Denneweg 10b
Voorhout ②
+31 (0)70 360 92 24
restaurantoogst.nl

Wer Sternerestaurants zu teuer findet, ist im Oogst genau richtig. Hier bekommen Sie das Essen in derselben hohen Qualität, immerhin gehört das Sternerestaurant Calla's demselben Betreiber, ebenso wie der nahe gelegene Bio-Gemüsegarten, der beide Restaurants beliefert. Sehr gutes Preis-Leistungs-Verhältnis, auch was den Wein angeht.

25 RESTAURANT 6&24

Nobelstraat 13
Hofkwartier ②
+31 (0)70 219 68 48
restaurant6en24.nl

Die Eigentümer Rik van de Laar und Saskia de Kuijer haben sich bei der Arbeit in dem mit drei Michelin-Sternen ausgezeichneten Restaurant De Librije kennengelernt. Heute betreiben sie gemeinsam das trendige, elegante Restaurant 6&24 in der Haager Innenstadt. Rik kocht, während Saskia sich um den Wein kümmert. Hochqualitatives, innovatives Essen in einer modernen und einladenden Atmosphäre.

Die 5 großartigsten MODERNEN *Restaurants*

26 **WALTER BENEDICT**
Denneweg 69a
Voorhout ②
+31 (0)70 785 37 45
walterbenedict.nl

Von frühmorgens bis spätabends ist dieses Café-Bistro voller Leben. Anwohner kommen zum Frühstück, Mittag- oder Abendessen oder treffen sich nach der Arbeit auf einen perfekten Gin Tonic oder ein Spezialitätenbier zu Schinken und Wurst oder Austern. Moderne Bistro-Küche mit saisonalen Zutaten, zum Beispiel sautierte Jakobs- oder Miesmuscheln, Tatare und Hühnchen Provençal.

27 **GLASWERK**
Fokkerkade 14
Laak ⑦
+31 (0)70 214 91 64
glaswerkdenhaag.nl

Urbanes Restaurant mit raffinierter, leichter und moderner Küche und dazu der raue Charme des ehemaligen Industriegebiets Binckhorst. Im Sommer sitzt es sich wunderbar am Wasser und man kann sogar mit dem eigenen Boot in dem kleinen Hafen anlegen.

28 **ZEBEDEÜS**
Rond de Grote Kerk 8
Altstadt ①
+31 (0)70 346 83 93
zebedeus.nl

Überraschend modernes Restaurant in der alten Grote Kerk. Seit seiner Eröffnung vor etwa 20 Jahren wird hier stets mit modernen Zutaten und regionalen Bio-Produkten gekocht. An sonnigen Tagen isst man am besten unter den alten Sykomoren im wunderschönen Außenbereich zu Mittag.

29 **RESTAURANT Ñ**
Nobelstraat 22
Hofkwartier ②
+31 (0)70 444 33 03
restaurant-n.nl

Hier fühlt man sich ganz wie auf einer spanischen Plaza! Kleines Restaurant mit zwangloser Atmosphäre, in dem köstliche moderne spanische Gerichte serviert werden, die man sich wunderbar teilen kann. Gegrillter *pulpo* mit Topinambur, gegrillte Schwertmuscheln mit Anisado-Vinaigrette, Steak *a la plancha* mit *champiñones al ajillo*. Im Sommer genießt man das Essen am besten im hübschen Außenbereich.

30 **QUERU CANTINA MEXICANA**
Prinsestraat 30
Hofkwartier ②
+31 (0)70 331 10 51
cantinaqueru.com

Mexikanische *cantina* mit modernem Touch. Kleine Karte mit ansprechenden, wunderschön angerichteten Speisen: Tacos mit saftigem Flank-Steak, dazu schwarzer Knoblauch und Orange, Tortillas mit Bohnenpüree, pochierten Eiern, Kaktustrieben und Salsa verde. Exzellente Cocktails!

5 *Restaurants mit*
EINDRUCKSVOLLEM AMBIENTE

31 **LITTLE V**
Rabbijn Maarsenplein 21
Chinatown ①
+31 (0)70 392 12 30
littlev.nl

In diesem weitläufigen, quirligen vietnamesischen Restaurant fühlt man sich ganz wie in den Tropen. Die Ausstattung mit viel Holz, Bambus und Grünpflanzen bildet ein tolles Ambiente für vietnamesisches Streetfood, das mild gewürzt und mit vielen frischen Kräutern serviert wird. Perfekt für ein Abendessen mit einer großen Gruppe.

32 **SUZIE Q**
Dr. Lelykade 33-37
Scheveningen – Hafen ⑤
+31 (0)70 743 36 76
restaurantsuzieq.nl

Bäume, Pflanzen, Holz – dieses hippe Restaurant im Hafen von Scheveningen ist ein Stück Dschungel mitten in der Stadt. Egal ob romantisches Dinner oder Mittagessen mit Freunden, ein Cocktail an der Theke oder ein Bier bei spektakulärer Aussicht auf der Terrasse – hier sind Sie richtig. Internationale Karte mit kleinen Vorspeisentellern, die man sich teilen kann. Tolle Atmosphäre und nette Bedienung.

33 TAPISCO

Kneuterdijk 11
Zentrum ②
+31 (0)70 204 50 06
restauranttapisco.nl

Tapas-Restaurant mit toller Weinauswahl des mit einem Michelin-Stern ausgezeichneten Küchenchefs Marcel van der Kleijn. Handbemalte Azulejo-Fliesen und amerikanische Ledersofas vermitteln kosmopolitisches Flair und das große Bücherregal erinnert an die Geschichte des Gebäudes, das mehr als 300 Jahre lang eine Buchhandlung beherbergte.

34 PASTIS

Oude Molstraat 57
Hofkwartier ②
+31 (0)70 363 30 31
pastis.nl

Oh là là, in diesem kleinen Bistro fühlt man sich glatt wie in Paris. Große alte Spiegel, Mosaikböden, eine Marmortheke und eng zusammenstehende Tische mit Bistrostühlen, Musik und – natürlich – die authentische französische Küche! Erwarten Sie keine schicken modernen Gerichte, dieses Lokal glänzt vor allem mit seinem ganz besonderen Ambiente.

35 ENCORE

Dr. Lelykade 5
Scheveningen – Hafen ⑤
+31 (0)70 306 00 70
encore-bysimonis.nl

Dieses große, von der bekannten Familie Simonis betriebene Fisch- und Fleischrestaurant ist vielleicht nicht jedermanns Sache: Luxuriöses Design mit viel Schwarz und Bling-Bling, dazu jede Menge Moët & Chandon-Flaschen verleihen dem Lokal einen deutlichen Club-Vibe. Und trotzdem gibt es hier gutes Essen – wenn Ihnen also gerade der Sinn gerade nach etwas Glamour steht, dann sind Sie hier genau richtig.

Cafés
Café Express
Café Ristretto
Café Allongé
Cappuccino
Café au Lait
Noisette
34 PASTIS

Die 5 tollsten Adressen für FRISCHEN FISCH

36 **WOX**
Lange Voorhout 51
Voorhout ②
+31 (0)70 365 37 54
wox.nl

Vom Wox aus blicken Sie auf die historische Lange Voorhout, die schönste Straße Den Haags. Dieses schicke, großzügig angelegte Restaurant ist ein Klassiker, in dem elegante, moderne und meist fischlastige Gerichte serviert werden – oft mit asiatischem Touch: Drunken Lobster mit Sake, Hamachi mit Kokosnuss und schwarzen Trüffeln, Brunnenkressesalat mit Jakobsmuscheln und Vanille-Dressing.

37 **BISTRO MER**
Javastraat 9
Zentrum ④
+31 (0)70 360 73 89
bistromer.nl

Dieses klassische Fischrestaurant verströmt nostalgisches Flair. Mit der Austernbar vor dem Lokal und dem Art-déco-Interieur fühlt man sich beinahe wie in Paris. Die Speisekarte ist natürlich traditionell französisch mit Gerichten wie *coquilles St. Jacques* und *sole à la meunière*.

38 **COAST FISH**
Prinsestraat 62
Hofkwartier ②
+31 (0)70 326 51 23

Suchen Sie einen Ort in der Innenstadt, an dem es so richtig gute Fish & Chips gibt? In dem winzigen Ladenlokal in der charmanten Prinsestraat werden Sie fündig – und wenn Sie schon dort sind, sollten Sie unbedingt auch die Fischburger und -kroketten versuchen. Der perfekte Ort für einen Fischsnack – und dazu vielleicht ein Gläschen Wein.

39 **WATERPROEF**
Dr. Lelykade 25
Scheveningen – Hafen ⑤
+31 (0)70 358 87 70
restaurant waterproef.nl

Eines der stilvollsten und schicksten Restaurants im Hafen von Scheveningen. Mit vielen ebenso edlen wie köstlichen Fischgerichten und einer ausgezeichneten Weinkarte ist es ein absoluter Pflichttermin für alle Fisch- und Weinliebhaber. Im ersten Stock können Sie an einer Verkostung in intimer Atmosphäre teilnehmen oder ein Abendessen im Weinsaal inmitten von über 1000 einzigartigen Weinflaschen genießen.

40 **SEAFOOD BAR VIGO**
Aert van der Goesstraat 9
Scheveningen – Statenkwartier ③
+31 (0)70 205 02 73
restaurantvigo.nl

Vigo ist wie geschaffen für das Viertel Statenkwartier mit seinem internationalen Publikum. Auf der Speisekarte stehen japanische, spanische, französische, italienische und niederländische Gerichte. Der Fisch ist von bester Qualität und das Essen wird sehr ansprechend angerichtet. Die Einrichtung mit maßvoller nautischer Dekoration ist modern und trotzdem gemütlich.

Die 5 besten Orte für
INDONESISCHES ESSEN

41 **DIDONG**
2e Sweelinck-straat 115
Scheveningen – Duinoord ③
+31 (0)70 364 98 87
didong.nl

Dieses Juwel versteckt sich in einer Wohngegend in Duinoord: Traditionelles indonesisches Essen mit frischem Gemüse und einer kreativen Note. Probieren Sie die berühmte niederländisch-indonesische *rijsttafel* (Reistafel), eine Kombination aus vielen kleinen Gerichten, die man sich teilen kann.

42 **TOKO TOET**
Beeklaan 376a
Segbroek ⑧
+31 (0)70 360 90 23
tokotoet.sitedish.shop

Das Toko Toet existiert schon seit den Fünfzigerjahren. Samstags treffen sich hier ältere Damen aus dem ehemaligen Niederländisch-Indien, um gut zu essen und Kindheitserinnerungen auszutauschen. Die täglich frisch zubereiteten Gerichte gibt es auch zum Mitnehmen.

43 **TOKO FREDERIK**
Frederikstraat 225
Willemspark ④
+31 (0)70 360 31 25
tokofrederik.nl

Diesen ziemlich geräumigen, sehr beliebten *toko* (Imbiss) gibt es schon seit 1984. Theke mit reicher Auswahl an frisch zubereiteten javanischen Speisen. Berühmt für seine guten, preisgünstigen Reistafeln (auch vegetarisch).

44 **TOKO SAWA**
Frederik Hendrik-
laan 250
Scheveningen –
Statenkwartier ③
+31 (0)70 358 70 00
tokosawa.nl

Die berühmten kleinen indonesischen *tokos* (Imbiss) Den Haags sind ein Erbe der kolonialen Vergangenheit. In diesen kleinen Imbissen wie dem Sawa können Sie entweder an einem der (wenigen) Tische essen oder etwas mitnehmen. Das Sawa ist bekannt für seine günstigen und frischen javanischen und balinesischen Gerichte. Kein Alkohol.

45 **KERATON DAMAI**
Groot Hertoginne-
laan 57
Scheveningen –
Duinoord ③
+31 (0)70 363 93 71
keratondamai.nl

Traditionelles Restaurant mit geschnitzten Wandvertäfelungen, in dem authentische ostjavanische Gerichte serviert werden. Bestellen Sie am besten eine Reistafel (Kombination verschiedener kleiner Gerichte). Kleines, sehr beliebtes Lokal, am besten vorher reservieren!

42 TOKO TOET

5 entspannte Lokale mit

ASIATISCHER KÜCHE

46 **DE SUSHIMEISJES**
Prins Hendrikstraat 96
Zeeheldenkwartier ③
+31 (0)70 737 11 44
desushimeisjes.nl

Hippes Restaurant zweier Haager *meisjes* (»Mädchen«) mit Leidenschaft für Sushi. Ihre originellen Kreationen wurden so beliebt, dass sie noch ein zweites und größeres Lokal in der Valkenboskade 622 eröffneten. Beide Restaurants haben leckeres Sushi, Sashimi, Nigiri und andere asiatische Häppchen im Angebot.

47 **MR. BAP**
Driehoekjes 37
Hofkwartier ②
+31 (0)6 41 76 47 21

Dieses sehr kleine, versteckt liegende koreanische Restaurant ist völlig ungeeignet für ein erstes Date, denn es gibt weder Toiletten noch Alkohol. Aber wenn Sie in der Stimmung für ein gutes Bibimbap mit selbst gemachtem Kimchi sind, gehen Sie zu Mr. Bap, der Ihnen das köstliche Essen in seiner winzigen Küche eigenhändig frisch zubereitet.

48 **CURRY & COCOS**
Prins Hendrikstraat 83
Zeeheldenkwartier ③
+31 (0)70 360 26 00
curryencocos.nl

Dieses sehr entspannte thailändische Restaurant war eines der ersten Lokale an der hippen Fressmeile Prins Hendrikstraat. Auf der Speisekarte stehen leckere traditionelle thailändische Gerichte wie die berühmte Hühner-Kokos-Suppe Tom Kha Gai, Moo Pad Prik (scharfes Schweinefleisch mit Basilikum) und Kung Nam Prik Pao (Garnelen in schwarzer Chilisoße). Empfehlenswert ist auch der scharfe Papayasalat.

49 **KIRAKU**
Toussaintkade 31
Zeeheldenkwartier ④
+31 (0)70 345 42 88
kiraku.nl

Kleine, zwanglose Sushi-Bar und Restaurant, das sich seit seiner Eröffnung im Jahr 1992 kaum verändert hat. Kein »All-you-can-eat«, sondern hochwertiges und wunderbar zubereitetes Essen zu einem sehr günstigen Preis. Für das echte Japan-Gefühl nehmen Sie an der Bar oder an einem der niedrigen Tische im hinteren Teil Platz.

50 **RAMEN OHASHI**
Weimarstraat 139
Segbroek ⑧
+31 (0)70 216 22 09

Dieses kleine japanische Restaurant ist nach seinem Chefkoch benannt: Ohashi, der aus Tokio stammt, bereitet alle Bestandteile der berühmten japanischen Ramen-Suppe inklusive der Nudeln selbst zu. Auf der Speisekarte stehen mehrere Variationen: von den klassischen Ramen und Miso-Ramen bis hin zu den dickeren Tantanmen-Ramen. Erwarten Sie nichts Ausgefallenes, hier gibt es einfach nur gutes Essen.

5 *einfach großartige*
CHINESISCHE *Restaurants*

51 **FAT KEE**
Gedempte Gracht 23
Chinatown ①
+31 (0)70 360 07 42
fatkee070.nl

Große Portionen zu günstigen Preisen und das bis um 1 Uhr nachts. Kein Wunder, dass dieses bescheidene Restaurant unter den chinesischen und einheimischen Bewohnern Den Haags ebenso beliebt ist wie unter Touristen. Kein Dim Sum, dafür große, mit allen möglichen Speisen beladene Platten.

52 **FULL MOON CITY**
Achter Raamstraat 75
Chinatown ①
+31 (0)70 356 20 13
fullmooncity.nl

In dieses authentische Restaurant in Chinatown kommen viele Chinesen – ein gutes Zeichen! Typisches Dekor mit weißen Papiertischdecken, rotem Teppich und heller Beleuchtung. Dim Sum, kantonesisches Barbecue und Feuertopf.

53 **ZHENG**
Prinsestraat 33
Hofkwartier ②
+31 (0)70 362 08 28
restaurantzheng.com

Chinesisches Spitzenrestaurant, nicht für jeden Geldbeutel geeignet. Benannt nach dem Zheng-Bankett, einem beeindruckenden Festmahl, das im kaiserlichen China wichtigen Beamten serviert wurde. Sie können hier die wichtigsten chinesischen Küchen probieren und zwischen mehreren aufwendigen Menüs mit kleinen eleganten Gerichten wählen.

54 MANDARIN PALACE

Nicolaistraat 35
Scheveningen – Duinoord ③
+31 (0)70 360 66 16
mandarinpalace.nl

Diese mitten in einem Wohngebiet gelegene Perle gibt es seit über 20 Jahren. Trotz seines Alters und im Gegensatz zu vielen anderen chinesischen Restaurants hat dieses Lokal ein modernes Ambiente und bietet innovative, wunderschön präsentierte Gerichte. Die gedämpften Austern mit schwarzer Bohnensauce, die Peking-Enten-Pfannkuchen und die Dim Sum gehören zu den besten der Stadt.

55 WINSTON & WEI WEI

Stationsweg 53
Stationsbuurt ①
+31 (0)70 326 39 30
winstonweiwei.com

Vor zehn Jahren eröffnete dieses kleine, einfache Restaurant. Essen und Service sind hier außergewöhnlich gut – damit ist das Winston & Wei Wei eines der besten chinesischen Restaurants in ganz Den Haag. Die kantinenartige Atmosphäre trägt zum Charme des Lokals bei.

55 WINSTON & WEI WEI

5 gemütliche ITALIENISCHE Restaurants

56 **VINCENZO'S**
Prins Hendrikstraat 75
Zeeheldenkwartier ③
+31 (0)70 217 70 60
vincenzos.nl

In der Prins Hendrikstraat gibt es viele zwanglose Lokale, darunter diese Pizzeria, deren gigantischer Holzofen die Hälfte des Restaurants einnimmt. Auf der gegenüberliegenden Straßenseite befindet sich Vincenzo's Osteria (Tasmanstraat 129), wo leckere Pasta serviert wird. *Buon appetito!*

57 **THAT'S AMORE**
Laan van Meerdervoort 188a
Segbroek ⑧
+31 (0)70 324 70 90
thatsamore.nl

Hier fühlen Sie sich ganz wie in Italien. In dem Imbiss mit wenigen Tischen kann es mittags voll werden. Nachbarn treffen sich hier gerne auf Panini, Antipasti oder einfache Pasta-Gerichte. Nur mittags geöffnet, Take-away.

58 **PAZZE E PIZZE**
Rabbijn Maarsenplein 7
Chinatown ①
+31 (0)70 219 96 04
pazzepizze.nl

Hier wird Pizza auf die römische Art serviert, also in mit der Schere geschnittenen Stücken. Auf den dünnen, knusprigen Boden kommt ein Belag aus frischen und manchmal ungewöhnlichen Zutaten wie Aubergine mit schwarzem Knoblauch oder Kartoffeln mit Anchovis.

59 **PASTANINI**
Frederik Hendriklaan 79
Scheveningen – Statenkwartier ③
+31 (0)70 355 59 90
pastanini.com

Für alle, die Sehnsucht nach einer authentischen italienischen Pizza haben. Immer gut besuchtes Restaurant mit riesigem Holzofen. Von der großen Marmortheke aus können Sie den italienischen Pizzabäckern bei der Arbeit zusehen.

60 **RISTORANTE GRAN TOUR IN ITALIA**
Rusthoekstraat 39
Scheveningen – Visserijbuurt ⑤
+31 (0)70 406 39 06
grantourinitalia.nl

Francesco Zani eröffnete dieses Restaurant vor einigen Jahren in einem Wohnviertel in Scheveningen. Elegante, schön angerichtete Speisen, die hauptsächlich von der Küche der Lombardei (Zanis Heimat) inspiriert sind, aber einen modernen Touch haben. Romantisches Flair, perfekt für einen italienischen Abend zu zweit.

57 THAT'S AMORE

5 *Orte, wo sich die* NACHBARN ZUM ESSEN TREFFEN

61 **CAFÉ FRANKLIN**
Valkenbosplein 24
Segbroek ⑧
+31 (0)70 785 14 12
cafefranklin.nl

Hippe Einrichtung, großartiges Bier, nette Bedienung und bodenständige Küche: Das Café Franklin ist in der Nachbarschaft sehr beliebt. Auf der Karte stehen viele gute Snacks wie Flammkuchen, Gua Bao und Austern sowie vollwertige Mahlzeiten wie Rippchen, Fisch-Tacos und – natürlich – Burger.

62 **DE TAPPERIJ**
Atjehstraat 66
Archipel ④
+31 (0)70 352 39 98
restaurant detapperij.nl

Klassisches, ungezwungenes Restaurant mit französischen und indonesischen Gerichten im schicken Archipel-Viertel mit ziemlich ungewöhnlichem Interieur: An den Wänden hängen balinesische Masken, Gemälde und Krimskrams. Ein großer Teil des schönen dunklen Holzinterieurs stammt von 1886, als das Restaurant noch ein Café war.

63 **CAFÉ CONSTANT**
Neptunusstraat 2
Scheveningen – Visserijbuurt ⑤
+31 (0)70 412 77 72
cafeconstant.nl

Was die Qualität des Essens, des Services und die Atmosphäre dieses kleinen Restaurants angeht, sind sich professionelle Restaurantkritiker und Gäste einig. Bio-Zutaten, vegetarische Gerichte und Sonnenterrasse runden das Ganze ab.

64 LORELEI

Regentesseplein 11
Segbroek ⑧
+31 (0)70 744 39 72
loreleicafe.nl

Dieser Teil des Regentessekwartier ist auf dem besten Weg zum In-Viertel – dazu passt dieses neue, moderne Restaurant mit Bar perfekt. Man trifft sich in dem hellen, aber gemütlichen Restaurant auf einen Drink oder um etwas zu essen – bei schönem Wetter draußen an dem großen Gemeinschaftstisch. Auf der internationalen Speisekarte ist für jeden etwas dabei.

65 CAFÉ AIMÉE

Lijsterbesplein 2
Segbroek ⑧
+31 (0)70 250 52 39

Dunkle Einrichtung, pflanzliches Dekor und Plüschsofas, dazu ein gemütlicher Außenbereich – hier erinnert nichts mehr an das frühere muffige Pub. Die Nachbarn freuen sich über diesen Neuzugang, wo sie morgens, mittags und abends moderne internationale Küche genießen können.

61 CAFÉ FRANKLIN

Die 5 besten
STRANDLOKALE

66 **STRANDPAVILJOEN ZUID**
Zuiderstrand 3,
Strandslag 11
Segbroek ⑤
+31 (0)6 16 92 67 83
strandpaviljoen-zuid.nl

Lokal am sogenannten ruhigen Strand mit äußerst entspannter Atmosphäre. Morgens können Sie hier bei Fladenbrot, Frittata, Bio-Käse, Joghurt und frischen Früchten in aller Ruhe den Tag begrüßen. Oder Sie sehen abends bei Grillhähnchen oder Steinofenpizza dabei zu, wie die Sonne im Meer versinkt.

67 **DE STAAT**

67 **DE STAAT**

Zuiderstrand 4, Strandslag 10
Loosduinen ⑤
+31 (0)70 338 88 60
strandpaviljoendestaat.nl

Die im Sand verteilten Adirondack-Gartensessel laden dazu ein, den Sonnenuntergang zu genießen – und etwas zu essen. Bekannt und beliebt ist das *Staatsplateau* – bei dieser großen Vorspeisenplatte (auch vegetarisch erhältlich) läuft einem das Wasser im Mund zusammen. An windigen Tagen gibt es hier viele Kitesurfer.

68 **NATUREL**

Noorderstrand 2, Zwarte Pad
Scheveningen – Strand ⑤
+31 (0)6 81 28 39 07
naturel.info

Etwas abseits der Touristenpfade am FKK-Strand befindet sich dieses zwanglose Strandcafé (allerdings muss man es trotzdem bekleidet betreten!). Gesunde und originelle Gerichte mit Zutaten aus biologischer Landwirtschaft und Produkte von frei laufenden Tieren. Innenausstattung aus Naturmaterialien.

69 **DE KWARTEL**

Zuiderstrand, Strandslag 9
Loosduinen ⑤
+31 (0)70 355 56 15
dekwartel.nl

Vielleicht nicht das hippste Strandcafé, dafür sticht die eindrucksvolle Weinkarte mit mehr als 150 guten Tropfen hervor. Ein weiteres großes Plus: Bio-Fleisch und viele vegetarische Gerichte.

70 **HET PUNTJE**

Noorderstrand 35, nördlich vom Pier, Zwarte Pad
Scheveningen – Strand ⑤
+31 (0)6 83 71 21 98
strandtenthetpuntje.nl

Wer den Touristenströmen an der Strandpromenade von Scheveningen entkommen möchte, ist in diesem netten Strandcafé genau richtig. Man muss ein Stück laufen, wird dafür aber mit Ruhe und einem einfachen, aber leckeren Essen belohnt. Kleine, oft wechselnde Karte, vegetarische Angebote.

Die 5 besten Adressen für einen SCHNELLEN SNACK

71 **BURGER BAR**
Plein 3
Altstadt ①
+31 (0)70 213 60 38
burgerbar.nl

Die erste Wahl für alle echten Burger-Fans. Sie können aus verschiedenen Rindfleischsorten von höchster Qualität (Irish Beef, Angus oder Wagyu) und dazu das Brot und den restlichen Belag (am besten mit einem Spiegelei obendrauf!) auswählen. Außerdem gehören zwei köstliche fleischlose Burger-Sorten zum Angebot dieses zwanglosen Restaurants.

72 **KING FALAFEL**
Vlamingstraat 37
Altstadt ①
+31 (0)70 427 58 61
kingfalafel.nl

Klingt nach Fastfood-Kette, aber der Name täuscht: King Falafel ist tatsächlich ein Familienbetrieb. Sie haben die Wahl zwischen Falafel und Ofenkartoffel und stellen sich den Belag an der Theke selbst zusammen: Joghurtsoße mit Knoblauch, Hummus, Salat, Gemüse und scharfe Soßen.

73 **BALADI MANOUCHE**
Torenstraat 95
Hofkwartier ②
+31 (0)70 444 38 77
baladionline.nl

Kleines, aber feines libanesisches Restaurant. Der aus Beirut stammende Besitzer bereitet traditionelle *man'ouches* mit hausgemachtem Fladenbrot zu. Als Toppings gibt es *za'atar*, hausgemachten Joghurt, weißen Käse und Hackfleisch.

74 **WARUNG MINI**
Amsterdamse Veerkade 57a
Chinatown ①
+31 (0)70 365 46 28
wmxl.nl

Den Haag hat eine große niederländisch-surinamische Gemeinde und jede Menge surinamische Restaurants. Im Warung Mini gibt es surinamisch-indonesische Küche. Beliebte Gerichte sind die surinamischen Sandwiches, *roti* (Fladenbrot mit Kartoffeln, Fleisch oder Gemüse) und *saoto* (Hühnersuppe).

75 **BAKKERIJ MAXIMA**
Prins Hendrikstraat 78
Zeeheldenkwartier ③
+31 (0)70 345 30 23

Die besten türkischen Pizzas (Lahmacun) und Döner, außerdem Börek, Baklava, Simit (Sesamringe) und vieles mehr – alles ist hausgemacht und frisch. Keine Sitzplätze.

73 BALADI MANOUCHE

Die 5 besten Orte, um **HERING** *zu essen*

76 **HARINGKAR HARTEVELD**
Ecke Reinkenstraat / Obrechtstraat
Scheveningen – Duinoord ③
+31 (0)6 14 41 79 29

Von Donnerstag bis Samstag wird in der Harteveld-Familie hart gearbeitet, denn dann müssen Heringe geputzt und zubereitet werden. Diesen Fischstand gibt es schon seit mehr als 25 Jahren, viele treue Stammkunden kennen die netten Inhaber mit Namen. Einfach die charmanteste Adresse für Hering in der ganzen Stadt!

76 HARINGKAR HARTEVELD

77 **HARINGKRAAM BUITENHOF**

Buitenhof 22
(Nähe Hofvijver)
Voorhout ②
+31 (0)70 365 79 60

Besonders gut schmeckt der Hering mit Blick auf den wunderschönen Hofvijver (»Schlossweiher«) und den Torentje (»kleiner Turm«); dort hat der niederländische Premier sein Büro. Ab und zu leistet Ihnen hier ein Parlamentarier oder ein Minister Gesellschaft beim Essen des sehr leckeren Herings.

78 **SIMONIS AAN DE HAVEN**

Visafslagweg 20
Scheveningen – Hafen ⑤
+31 (0)70 350 00 42
simonisvis.nl

Die »Fisch-Familie« Simonis betreibt in der ganzen Stadt Restaurants von einfach bis schick. Zwangloses Lokal am Hafen, in dem Sie Ihren Hering ganz entspannt genießen können. Während der Saison des *Hollandse Nieuwe* (erster Matjes der Fangsaison) steht draußen eine Verkaufsbude.

79 **HET HARINGHUISJE**

Vissershavenweg 66
Scheveningen – Hafen ⑤
+31 (0)70 355 67 24
hetharinghuisje.nl

»Das kleine Heringshaus« ist eines der besten Heringslokale. Traditionell isst man diesen Fisch in Den Haag, indem man ihn am Schwanz festhält und in den Mund gleiten lässt. Wer möchte, bekommt ihn aber auch in einem Brötchen oder »auf Amsterdamer Art«: kleingeschnitten mit Cocktailspieß.

80 **VISHANDEL DE LANGE**

Marcelisstraat 37b
Scheveningen – Strand ⑤
+31 (0)70 404 97 07
viswinkeldelange.nl

Kleiner, etwas versteckt in einem Wohnviertel in Scheveningen liegender Fischladen. Besitzer Ben de Lange bietet auch Workshops rund ums Thema Heringputzen an, um diese Tradition zu bewahren.

5 *exzellente*

EISDIELEN

81 **HET IJSKABINET**
Plaats 31
Hofkwartier ②
ijskabinet.nl

Eine der beliebtesten Eisdielen der Einheimischen. Große Auswahl, alles hausgemacht: Besonders lecker sind Haselnuss und Pistazie. Und da sich das Geschäft ganz in der Nähe der Zweiten Kammer der Generalstaaten befindet, treffen sich hier auch Parlamentarier.

82 **LA VENEZIA**
Laan van Meerdervoort 596
Segbroek ⑧
+31 (0)70 363 69 93

Wunderbar altmodisch: Das kleine italienische Eiscafé ist ein Familienbetrieb, mittlerweile in der dritten Generation – und weder an der Deko noch an den Rezepten scheint sich seit der Eröffnung 1934 viel geändert zu haben. Traditionelle Eissorten, sehr gute Qualität.

83 **FLORENCIA**
Torenstraat 55
Hofkwartier ②
+31 (0)70 363 02 14
florenciaijs.nl

Diese große Eisdiele wird seit 1932 von der Familie Talamini betrieben. Hier wird nicht einfach nur Eis gegessen oder Kaffee getrunken – viele Nachbarn treffen sich hier, um über Sport oder Weltpolitik zu diskutieren. Ob Taxifahrer, Bauarbeiter, Diplomat oder Beamter: Jeder liebt dieses Café.

84 **LUCIANO**

Theresiastraat 41
Haagse Hout ⑥
+31 (0)70 415 87 57
ijssalonluciano.nl

Bei Luciano gibt es hochqualitatives Eis aus frischen Früchten und natürlichen Zutaten. Bei Sonnenschein strömen die Menschen herbei, um die berühmten einzigartigen Geschmacksrichtungen zu genießen, zum Beispiel Honig-Feige und Himbeer-Crumble. Guter Kaffee, der mit einer Mini-Eistüte statt mit dem üblichen Keks serviert wird. Eine kleinere Filiale befindet sich in der Frederik Hendriklaan 230b.

85 **SPIJSSALON**

Weimarstraat 87
Segbroek ⑧
+31 (0)70 752 15 10

Natürliche Zutaten statt künstlicher Zusatzstoffe – das ist das Geheimnis von Spijssalon. Sogar das bei den Kindern so beliebte blaue Schlumpfeis wird ganz natürlich mit Spirulina gefärbt. Sobald die Sonne scheint, treffen sich hier die Nachbarn im kleinen Außenbereich.

81 HET IJSKABINET

5

SPEZIALITÄTEN, *die Sie unbedingt probieren sollten*

86 **HAAGSCHE KAKKER**
BAKKERIJ HESSING
Denneweg 186
Voorhout ②
+31 (0)70 737 05 52
gebakbestellen denhaag.nl

Der Haagsche Kakker oder Haagsche Krentenkakker ist eine berühmte Haager Süßigkeit. Dieses Rosinenbrot, gefüllt mit einer buttrigen Zimt-Mandel-Masse, ist eine Erfindung der Bäckerei Hessing. *Krentenkakker* bedeutet so viel wie »wohlhabender Geizhals« – und von denen gibt es angeblich viele in Den Haag …

87 **KRABBENKROKETTEN**
VISHANDEL ZOUTENBIER
Groot Hertoginnelaan 147
Scheveningen – Duinoord ③
+31 (0)70 345 11 73

Seit fast fünfzig Jahren ist dieser Fischhändler für seine frisch gebackenen Krabbenkroketten berühmt. Außen knusprig, innen weich und cremig – die Kroketten werden nach einem alten geheimen Familienrezept hausgemacht. Zur Mittagszeit kann es hier voll werden.

88 **GENEVER, LIKÖR & BITTER**
VAN KLEEF
Lange Beesten-markt 109
Altstadt ①
+31 (0)70 345 22 73
museumvankleef.nl

In der 1842 gegründeten Destillerie Van Kleef gibt es ein Museum und einen Laden. Hochqualitative Genever, Liköre und Bitter nach Originalrezepten. Bei einem Besuch des Destilleriemuseums können Sie hochprozentige Geschichte erleben. Ein weiteres Highlight sind die Verkostungen!

89 **KLOSTERBIER**
BROUWERIJ HAAGSCHE BROEDER
Oude Molstraat 35
Hofkwartier ②
+31 (0)70 365 43 85
haagschebroeder.nl
monasticstore.nl

Den Haag hat ein eigenes Klosterbier, das die »Haagsche Broeder« mitten in der Altstadt brauen. In ihrer Mikrobrauerei stellen die Brüder etwa 1000 Liter in der Woche her, darunter auch einige besondere Sorten. Das Klosterbier ist in einigen Kneipen der Stadt sowie – in große Flaschen abgefüllt – im Klosterladen erhältlich.

90 **FLEISCHBÄLLCHEN**
DUNGELMANN
Hoogstraat 17
Hofkwartier ②
+31 (0)70 346 23 00
slagerijdungelmann.nl

So gut wie jeder Einwohner Den Haags hat mindestens einmal in seinem Leben Dungelmanns *broodje bal* probiert. Die Fleischbällchen gehören seit mehr als 150 Jahren zum Angebot dieser Metzgerei und wurden schon viele Male zum besten Fleischbällchen-Sandwich Den Haags gewählt – ein absolutes Muss!

USED
EEN
WERELD
VAN
VREEMDEN
DICTIONARY
JUDAS
STADSTERRASSEN & BALKONS

45 ORTE FÜR EINEN DRINK

5 *Adressen für* **RICHTIG GUTEN KAFFEE**

91 **KAAFI**
Prinsestraat 25
Hofkwartier ②
+31 (0)70 209 70 70
kaafi.nl

Moderne Kaffeebar mit fröhlicher Atmosphäre. Der Besitzer hat früher in London gelebt und bezieht den Kaffee von einer Londoner Rösterei. Doch allein seine hohe Kaffeekunst zu loben würde der Küche unrecht tun: Die Kuchen seiner Mutter sind nicht von dieser Welt! Außerdem beliebt wegen des leckeren Essensangebots.

92 **SINGLE ESTATE COFFEE ROASTERS – DE BAR**
Piet Heinstraat 15
Zeeheldenkwartier ④
+31 17 453 53 03
singleestatecoffee.nl

Spezialitätenrösterei und hippe Kaffeebar mit viel schwarzem Holz und Pflanzen in einem schönen alten Eckhaus. In dem ausgezeichneten Kaffee stecken Jahre der Suche nach den besten Bohnen, Verarbeitungsmethoden und Röstprofilen.

93 **TIGERSHARK**
Badhuisstraat 114
Scheveningen - Visserijbuurt ⑤
+31 (0)6 24 44 59 00
tigersharkcoffee.nl

Beliebt bei Surfern, jungen Eltern und Anwohnern aus Scheveningen - kein Wunder, da der Kaffee in diesem entspannten Lokal mit Liebe und Sorgfalt gemacht wird. Die Kaffeebohnen der Mikrorösterei Shokunin aus Rotterdam sind von höchster Qualität.

94 **FILTRO**
Papestraat 11
Hofkwartier ②
+31 (0)6 42 84 70 73
filtro.coffee

Tolle Atmosphäre, freundliche Bedienung und am allerwichtigsten: exzellenter Kaffee. Die Bohnen mit dem unvergleichlich blumigen und zarten Aroma stammen von der dänischen Rösterei La Cabra. Fabelhafter hausgebackener Kuchen, für den statt Zucker Honig verwendet wird.

95 **CAPRIOLE CAFÉ**
Fokkerkade 18
Laak ⑦
+31 (0)70 701 10 10
capriolecafe.nl

Cooles Restaurant und Café in einer ehemaligen Farbenfabrik im angesagten Viertel Binckhorst. Die fair gehandelten Bio-Bohnen werden im Haus geröstet und von den Baristas in allen erdenklichen Variationen zubereitet. Von einem einfachen (aber immer doppelten) Espresso über Espresso mit rosa Pfeffer und Cappuccino brûlée bis hin zum Affogato ist alles dabei.

95 CAPRIOLE CAFÉ

Die 5
CHARMANTESTEN CAFÉS

96 **BOOKSTOR**
Noordeinde 39
Hofkwartier ②
+31 (0)70 326 57 90
bookstor.nl

Kaffee, Kuchen, Bücher! In diesem ehemaligen Fachhandel für juristische Literatur können Sie, umgeben von Buchregalen, Vintage-Möbeln und Pflanzen, bei exzellentem Kaffee in neuen und gebrauchten Büchern schmökern. Im Sommer kann man auf der großen Gartenterrasse wunderbar entspannen.

97 **LOLA BIKES AND COFFEE**
Noordeinde 91
Hofkwartier ②
+31 (0)6 29 08 77 93
lolabikesandcoffee.nl

Ein Café in einem Fahrradshop – oder umgekehrt? Jedenfalls können Sie hier zu großartigem Kaffee alles bestaunen, was mit Fahrrädern zu tun hat. Das Lola hat sogar eine eigene Radfahrercommunity, die sich mehrmals in der Woche dort trifft, um gemeinsam auf Tour zu gehen.

98 FLEUR'S

Van Bylandtstraat 92
Segbroek ⑧
+31 (0)70 216 08 98
fleurs-koffie.nl

Dieses entzückende kleine Café ist das Wohnzimmer der ganzen Nachbarschaft. Hier trifft man sich mit Freunden auf eine gute Tasse Kaffee oder ein leichtes Mittagessen. Die Besitzer arbeiten nach Möglichkeit mit regionalen Erzeugern zusammen: Der Kaffee stammt von Roast Factory, das Brot von Lekker Brood und der Käse von Ed Boele.

99 WIENER KONDITOREI

Korte Poten 24
Voorhout ②
+31 (0)70 360 05 49
wienerkonditorei.nl

Hier scheint die Zeit stehen geblieben zu sein. Dieses kleine, weithin bekannte Café serviert seit 1934 Wiener Kaffee und Spezialitäten wie Apfelstrudel, Sachertorte und Guglhupf. Hier stand außerdem die erste Espressomaschine Den Haags; die Besitzer hatten sie von einer Wienreise mitgebracht.

100 POMPKE

Pompstationsweg 2 (Ecke Doornikse-straat)
Scheveningen – Belgisch Park ⑤
pompke.nl

Das Pompke befindet sich in einem sogenannten *koffiehuizen*, einem für Den Haag typischen Kiosk, an dem sich die Arbeiter früher eine günstige Tasse Kaffee holen konnten. Nach einer gründlichen Renovierung ist das Pompke außerdem ein charmantes Lokal mit gutem Kaffee und hausgemachtem Kuchen.

Die 5 besten Cafés zum LESEN UND ARBEITEN

101 **DUDOK**
Hofweg 1a
Altstadt ①
+31 (0)70 890 01 00
dudok.nl

Zeitloses, altehrwürdiges Café gegenüber der Parlamentsgebäude. Ideal für Geschäftstreffen. Am riesigen Gemeinschaftstisch kann man in Ruhe Zeitung lesen oder am Laptop arbeiten – selbstverständlich bei einer guten Tasse Kaffee und einem Stück vom berühmten Apfelkuchen.

102 **COFFEE WORKS**
Parkweg 56
Voorburg ⑦
+31 (0)70 216 65 15
coffee-works.nl

Gemütliches, im Retrostil eingerichtetes Café in der Altstadt von Voorburg. Im hellen Nebenraum kann man seinen Laptop anschließen – oder im Sommer die Schafe beobachten, die auf der Wiese vor der Oude Kerk grasen.

103 **PERRON X COFFEE ROASTERS**
Torenstraat 98
Altstadt ①
+31 (0)6 36 04 25 67
perronxcoffee.nl

Diese Rösterei betreibt seit Kurzem ein Café gegenüber dem Turm der Grote Kerk. Viel Platz zum Entspannen oder Arbeiten – selbstverständlich bei einem guten Kaffee.

104 **INTRO WERKCAFÉ**
Dr. Lelykade 3d
Scheveningen - Hafen ⑤
+31 (0)70 219 23 00
teamintro.nl

Hippes Café am Scheveninger Hafen. Hier kann man Freunde treffen oder arbeiten. Schnelles WLAN, reichlich Stromanschlüsse für Laptops, Räume für private Besprechungen und sogar eine Arbeitsvermittlung. Geöffnet von 8 Uhr morgens bis 18 Uhr, Frühstücks- und Mittagsangebote.

105 **HOUSE OF TRIBES**
Turfmarkt 28
Uilebomen ②
+31 (0)70 205 02 20
houseoftribes.nl

Relaxte Musik, richtig guter Kaffee, ein großer Gemeinschaftstisch und viele Stromanschlüsse für den Laptop: Dieses ungezwungene Café neben dem Campus der Universität Leiden ist besonders bei Studenten und Beamten beliebt. Für alle, die nicht arbeiten wollen, gibt es einen laptopfreien Bereich.

105 HOUSE OF TRIBES

Die 5 schönsten Orte für
TEE *und* HIGH TEA

106 **HUG THE TEA!**
Papestraat 13
Hofkwartier ②
+31 (0)6 38 71 05 93
hugthetea.com

Die beiden »Teeschwestern« Claire und Lisa sind seit Jahren große Fans des grünen Matcha-Tees. 2015 eröffneten sie ein der japanischen Spezialität gewidmetes Café, das bei Teekennern sofort großen Anklang fand. Auch Frühstück und Mittagessen. Probieren Sie die Matcha-Smoothie-Bowls und die Matcha-Pfannkuchen!

110 **OP Z'N KOP**

107 BLOSSOM

Anna Paulowna-straat 70c
Zeeheldenkwartier ④
+31 (0)70 211 18 13
cafeblossom.nl

Die hausgemachten Kuchen dieses bodenständigen Tagesrestaurants sind unwiderstehlich! Der Tee dazu stammt von der bekannten Qualitätsmarke Crusio – eine ideale Kombination. Wer es besonders festlich mag: Das Blossom bietet auch High Tea an (nach Vorbestellung).

108 HOTEL DES INDES

Lange Voorhout 54-56
Voorhout ②
+31 (0)70 361 23 45
hoteldesindes thehague.com

Wie wäre es mit einem High Tea im legendärsten Hotel Den Haags? Während des zweigängigen High Tea können sie das luxuriöse und prächtig ausgestattete Hotel bewundern, in dem so illustre Persönlichkeiten wie Präsident Eisenhower, Eleanor Roosevelt, Audrey Hepburn, Josephine Baker, Prince oder die Rolling Stones zu Gast waren.

109 HIGH TEA-BOOT

MEHRERE ANLEGESTELLEN
Altstadt
Hofkwartier
Voorhout
+31 (0)6 44 44 29 68
bootvarendenhaag.nl

Der romantischste High Tea der Stadt! Genießen Sie Qualitätstee (Betjeman & Barton) sowie leckere hausgemachte Sandwiches und Kuchen, während Sie mit Freunden in einem offenen Boot durch die wunderschönen Kanäle und an den grünen Parks der Stadt entlanggleiten. Für Gruppen ab 10 Personen.

110 OP Z'N KOP

Prinsestraat 112
Hofkwartier ②
+31 (0)6 81 02 90 18

Teesalon in einem entzückenden Brokatgeschäft. Hier genießen Sie Tee und hausgemachten Kuchen zwischen alten französischen Spiegeln, englischem Mobiliar und Regalen mit Porzellan, Pflanzen und kleinen Geschenken.

5 Cafés mit TRAUMHAFTEN AUSSENBEREICHEN

111 **GEMBER**
Stadhouderslaan 43
Scheveningen – Zorgvliet ③
+31 (0)70 358 68 91
restaurantgember.nl

Dieses Tagesrestaurant befindet sich in demselben Gebäude wie das GEM und das Fotomuseum. Von der sonnendurchfluteten Terrasse des Museums für zeitgenössische Kunst – ein Meisterwerk des Architekten Berlange – hat man bei einem Kaffee oder einem Glas Wein eine sagenhafte Aussicht auf den Teich und das benachbarte Kunstmuseum.

112 **ROOM**
Anna Paulownaplein 16
Zeeheldenkwartier ④
+31 (0)70 363 00 02
roomdenhaag.com

Bereits kurz nach der Morgendämmerung zieht es die Sonnenanbeter auf die Terrasse dieses ungezwungenen Restaurantcafés. Hier kann man unter den Bäumen des idyllischen Anna Paulownaplein frühstücken, zu Mittag oder Abend essen oder einfach nur einen Drink mit köstlichen Appetizern genießen.

111 GEMBER

114 GREENS

113 PALMETTE

Plaats 27
Hofkwartier ②
+31 (0)70 412 75 12
palmette.nl

Bis zum 18. Jahrhundert fanden auf dem Plaats öffentliche Hinrichtungen statt. Heute sorgen Geschäfte, aber auch Restaurantcafés wie das Palmette dafür, dass es etwas fröhlicher zugeht. Auf der Terrasse kann man sozusagen an historischem Ort die Fassaden der alten Gebäude und das mittelalterliche Gefängnistor bewundern.

114 GREENS

WESTBROEKPARK
Kapelweg 18
Scheveningen – Westbroekpark ⑤
+31 (0)70 369 53 73
greensinthepark.nl

In diesem Glashaus gibt es Kaffee, Drinks und Bio-Gerichte mit Gemüse aus dem sich ebenfalls auf dem Gelände befindlichen Garten. Im grünen, ruhigen Außenbereich kann man so richtig entspannen. Außerdem organisiert das Greens »grüne« Aktionen wie Bio-Theaterdinner, Salatbarbecues oder Gartentage.

115 DE KADE

Dunne Bierkade 1a
Chinatown ①
+31 (0)70 889 33 30
dekade.online

Nur wenige Lokale in Den Haag sind so umweltbewusst wie das De Kade. Hier lohnt der Besuch nicht nur wegen den Naturweinen und dem aus nachhaltig hergestellten Zutaten zubereiteten Essen. Ein weiterer guter Grund ist die Terrasse an der alten Gracht: Mit etwas Glück erwischt man sogar einen Liegestuhl in der Sonne.

5 Bars mit
BESTEM BIER

116 **HOPPZAK**
Papestraat 26a
Hofkwartier ②
+31 (0)70 744 96 73

Diese Kellerbar gehört zu den gemütlichsten Kneipen der Stadt. Man kann aus 15 bis 20 Fassbieren und 200 Flaschenbieren wählen. Außerdem im Angebot: eine moderne Auswahl an Whiskys und Spirituosen sowie jeden Donnerstag Live-Jazz und Blues-Jamsessions!

117 **KOMPAAN – THUISHAVEN CRAFT BEER BAR**
Saturnusstraat 55
Laak ⑦
+31 (0)70 762 24 94
kompaanbier.nl

Seit seiner Eröffnung 2015 aufgrund seines rauen Charmes sehr beliebt. Kompaan ist die bekannteste Craftbeer-Marke Den Haags. Wo könnte man es besser genießen, als direkt an der Brauerei im ehemaligen Industriegebiet Binckhorst. 20 Fassbiere, sonniger Außenbereich und lockere Atmosphäre.

118 **CAFÉ DE LA GARE**
Nieuwe Schoolstraat 13a
Voorhout ②
+31 (0)70 744 62 55
delagare.nl

Ungezwungene Kneipe mit über 200 Bierspezialitäten. Lambert Willems, der Besitzer, hat ein untrügliches Gespür dafür, welches Bier zu welchem Gast passt. Im Angebot sind auch echte Raritäten, die man im Sommer am besten auf der Terrasse genießt.

119 VAN KINSBERGEN

Prins Hendrikplein 15
Zeeheldenkwartier ③
+31 (0)70 310 78 92
gastropub
vankinsbergen.nl

Das 2018 eröffnete große Gastropub samt Mikrobrauerei hat sich schnell zum Stammlokal des hippen Zeeheldenkwartiers gemausert. Hauseigenes Pale Ale, große Auswahl an belgischen, niederländischen und Importbieren. Kleinere Gruppen können Bierverkostungen buchen.

120 DE PAAS

Dunne Bierkade 16a
Chinatown ①
+31 (0)70 360 00 19
depaas.nl

Mit über 10 Fassbieren und 174 Flaschenbiersorten ist dieses passenderweise an der Bierkade (dem Bierkai) gelegene Lokal ein Muss für Bierfanatiker. Das Terrassenboot vor dem Pub ist einer der malerischsten Orte der Stadt.

117 KOMPAAN – THUISHAVEN CRAFT BEER BAR

5 *Orte für* EIN GUTES GLAS WEIN

121 **GRAPES & OLIVES**
Veenkade 1
Zeeheldenkwartier ④
+31 (0)61 466 23 94
grapesandolives.nl

Am Kanal gelegene Enoteca mit kleinen Gerichten und einer ausgezeichneten Auswahl hauptsächlich mediterraner Weine. Am schönsten ist es natürlich auf dem großen Terrassenboot oder an einem Stehtisch vor den geöffneten Fenstern. Perfekt für ein Gläschen vor dem Dinner oder ein zwangloses Essen mit Freunden.

122 **LAPSANG**
Oude Molstraat 11a
Hofkwartier ②
+31 (0)70 360 35 98
lapsang.nl

Wegen seiner zwei Besitzer ist das Lapsang tagsüber ein Restaurant und Teesalon und abends eine Weinbar. Beides ist sehr zu empfehlen, doch für ein gutes Glas Wein und ein paar Kleinigkeiten kommt man am besten nach 17 Uhr vorbei.

123 **WICKED WINES**
Bazarstraat 42
Zeeheldenkwartier ④
+31 (0)70 345 86 60
wickedwines.nl

Beliebt im ganzen Viertel für ein Glas Wein vor dem Essen oder ein Mittag- oder Abendessen (französisch-asiatisch inspirierte Küche). Solide Auswahl bezahlbarer Weine aus der ganzen Welt, dazu eine große Terrasse auf dem charmanten Anna Paulownaplein.

124 BOUZY, WINE & FOOD

Denneweg 83
Voorhout ②
+31 (0)70 780 35 63
bouzywineandfood.nl

Hier treffen sich die Locals nach Feierabend auf einen guten Wein und ein paar Häppchen. Die Lage auf dem historischen Denneweg und die gemütliche Einrichtung verleihen dieser Weinbar ihren Charme. Große Auswahl offener Weine.

125 LE CAFÉ

Oude Molstraat 26a
Hofkwartier ②
+31 (0)70 360 40 55

Halb Café und halb Bistro. Hier herrscht immer Hochbetrieb, dafür sorgen die lockere Atmosphäre, die freundliche Bedienung und die gute Musikauswahl. Wer den exzellenten Wein und die traditionellen französischen Bistrogerichte im Hinterzimmer des kleinen, lässigen Lokals genießen will, sollte vorab reservieren.

121 GRAPES & OLIVES

5 *coole*
COCKTAILBARS

126 **VAVOOM TIKI ROOM**
Grote Markt 30
Altstadt ①
+31 (0)70 346 75 06
vavoomtikiroom.nl

In dieser beliebten und auch etwas kitschigen Tiki-Bar kommt Tropenfeeling auf! Auf der langen Cocktailkarte finden sich – natürlich – viele Kreationen mit Rum. Es macht einfach Spaß, den Barkeepern beim Mixen der Drinks zuzusehen, die für die ultimative Retro-Erfahrung wahlweise in einem typischen Tiki-Becher serviert werden (10 Euro Pfand).

127 **THE FIVE POINTS**
Korte Houtstraat 5a
Uilebomen ②
+31 (0)6 19 90 92 07
thefivepoints.nl

Stilvolle und lockere Bar in der Haager Innenstadt für den anspruchsvollen Cocktailliebhaber. Michael Ziengs, der Besitzer, lernte sein Handwerk in London, der »Cocktail-City«, bevor er sich mit einem Barkeeperkollegen selbstständig machte. Heute serviert er hier wunderschön anzusehende und leckere Drinks.

128 BLEYENBERG

Grote Markt 10
Altstadt ①
+31 (0)70 800 21 20
bleyenbergdenhaag.nl

Junge, angesagte Dachterrassenbar. Donnerstag ist Cocktailabend: Jeder Cocktail kostet 7,50 Euro, dazu gibt es einen von den Barkeepern kreierten Spezialdrink. Von der Terrasse im dritten Stock hat man einen tollen Ausblick auf den belebten Grote Markt und die Grote Kerk.

129 THE PENTHOUSE SKY BAR

HET STRIJKIJZER,
42. STOCK
Rijswijkseplein 786
Stationsbuurt ①
+31 (0)70 305 10 00
thepenthouse.nl

Elegante Bar hoch oben in einem der wenigen Wolkenkratzer Den Haags. Wenn Sie nicht zu Abend essen, sondern nur bei einem Drink den Sonnenuntergang bewundern wollen, müssen Sie einen Aufschlag von 12,50 Euro bezahlen, dafür erhalten Sie aber ein Freigetränk. Cocktails ab 18 Uhr.

130 BRICKS ›HOOCH & BREW‹

Prinsestraat 5a
Hofkwartier ②
+31 (0)6 15 23 21 80
bricksbar.nl

In dieser geräumigen, urbanen Cocktailbar gibt es keine Karte. Die gut gelaunten Barkeeper erkundigen sich einfach nach Ihren Vorlieben und mixen mit allen zur Verfügung stehenden Mitteln drauflos … bis schließlich ein Drink vor Ihnen steht, der nicht nur das Auge, sondern auch den Gaumen erfreut. Das Team hat die beinahe magische Fähigkeit, genau Ihren Geschmack zu treffen.

128 **BLEYENBERG**

Die 5 beliebtesten

BARS DER LOCALS

131 **HUPPEL THE PUB**
Oude Molstraat 21
Hofkwartier ②
+31 (0)70 360 91 13
dehuppel.nl

Dieser muntere Pub wurde 2018 und 2019 zum besten Café Hollands gewählt. Beeindruckende Whisky-Auswahl, dazu viele Bierspezialitäten vom Fass (darunter auch das hauseigene HuppALE). Hier fühlen sich Locals, Studenten und Touristen wie zu Hause.

132 **CAFÉ DE KLEINE WITTE**
Mallemolen 31
Willemspark ④
+31 (0)70 360 13 27
cafedekleinewitte.nl

Authentisches Pub-Feeling. Hier treffen sich Jung und Alt, Immobilienmakler und Taxifahrer auf einen Drink. Stilechte Einrichtung mit Perserteppichen auf den Tischen, alten Ledersesseln und einem Billardtisch.

133 **LOKAAL DUINOORD**
Obrechtstraat 198
Scheveningen – Duinoord ③
+31 (0)70 743 00 00
lokaalduinoord.nl

Kleiner, bei Einheimischen und Zugezogenen beliebter Pub in Duinoord. Freundliche Bedienung, 6 Fassbiere, 60 Flaschenbiere und ausgesprochen leckeres Essen. Das Fleisch stammt von 't Oude Ambacht, einer der besten Metzgereien der Stadt.

134 **CAFÉ DE OUDE MOL**

Oude Molstraat 61
Hofkwartier ②
+31 (0)70 345 16 23

Gemütlicher als in diesem kleinen, einladenden und unkonventionell eingerichteten Café kann es gar nicht werden. Hier fühlen sich Jung und Alt, Einheimische und Fremde gleichermaßen wohl. Montags Livemusik, Mittwoch bis Samstag Tapas und immer eine tolle Bierauswahl.

135 **CAFÉ DE SIEN**

Antonie Heinsius-straat 39
Scheveningen - Statenkwartier ③
+31 (0)70 355 55 66
desien.nl

Dieses Pub befindet sich im Statenkwartier, einer Wohngegend in der Nähe vieler internationaler Organisationen, in der auch viele Ausländer wohnen. Hier trifft man sich nach Feierabend auf ein gutes Fassbier oder einen kleinen Happen. Besonders beliebt sind die hausgemachten Krabbenkroketten und das Käsefondue.

115 ORTE ZUM SHOPPEN

Die 5 malerischsten MÄRKTE

136 **DE HAAGSE MARKT**
Herman Costerstraat
Schilderswijk ⑨
dehaagsemarkt.nl

Bunter Kulturmix auf einem der größten Märkte Europas: niederländischer Käse, exotisches Obst und Gemüse, türkische Oliven, Baklava, surinamische Roti, Fischstände, an denen die Verkäufer ihre fangfrische Ware lautstark anpreisen, und vieles mehr. Geöffnet Montag, Mittwoch, Freitag und Samstag.

137 **LE MARIE MARCHÉ**
Plein
Voorhout ②
lemariemarche.nl

Wer fühlt sich nicht gerne wie auf einem romantischen Markt im sonnigen Südfrankreich? Hier können Sie einmal im Monat Austern schlürfen, *fromage* essen, Wein oder Champagner verkosten, Delikatessen und französische Souvenirs erstehen.

138 **BIO-MARKT**
Hofplaats
Voorhout ②

Die freundlichen Verkäufer auf diesem kleinen und charmanten Bio-Markt haben nur das Beste an Obst, Gemüse, Käse, Brot und Fleisch im Angebot. Jeden Mittwoch von 8 bis 18 Uhr auf dem Hofplaats.

139 ANTIQUITÄTEN- UND BÜCHERMARKT

Lange Voorhout
Voorhout ②
haagseantiek enboekenmarkt.nl

Dieser Antiquitäten- und Büchermarkt mit mehr als 70 Ständen in der schönsten Allee von Den Haag findet seit 1971 statt. Hier gibt es alles von seltenen Büchern und Schallplatten bis hin zu alten Postkarten, antikem Tafelsilber, Globen und Kuriositäten. Anfang Mai bis Mitte September, jeweils donnerstags und sonntags von 9 bis 18 Uhr.

140 KÖNIGLICHER WEIHNACHTSMARKT

Lange Voorhout
Voorhout ②
royalchristmasfair.nl

Mit mehr als 100 festlich geschmückten Ständen ist dieser Weihnachtsmarkt einer der größten der Niederlande. Und sein Standort auf der Lange Voorhout ist wahrhaft königlich, denn gleich in der Nähe befindet sich auch der malerische Winterpalast von Königin Emma, der Urgroßmutter von Willem-Alexander.

138 BIO-MARKT

5 ausgezeichnete KÄSELÄDEN

141 **KAASSPECIAALZAAK ED BOELE**
Fahrenheitstraat 625
Segbroek ⑧
+31 (0)70 363 18 19
kaasspeciaalzaak.nl

Ein Paradies für Käseliebhaber! Ed Boele ist berühmt für seine große Auswahl an niederländischen und internationalen Käsesorten und hat bereits mehrere Preise gewonnen. Einige Käse reifen bei kontrollierter Temperatur in einer großen Vitrine im hinteren Teil des Ladens.

142 **KROON KAASHANDEL**
Van Hoytemastraat 31
Haagse Hout ⑥
+31 (0)70 324 92 14
kroonkaas.nl

Ein verlockendes Geschäft für Käseliebhaber! Der Inhaber fährt persönlich zum berühmten Großmarkt Rungis in Paris, um die köstlichsten und seltensten Käsesorten auszuwählen. Seine fantastischen kleinen Chèvres runden jede Käseplatte ab. Neben Käse hat Kroon auch hochwertige Wurstwaren wie Pata Negra, Bündnerfleisch und andere Delikatessen im Angebot.

143 **KALKMAN**

Frederik Hendrik-laan 149
Scheveningen – Statenkwartier ③
+31 (0)70 355 18 80
kalkmankaas.nl

Dank seiner großen Auswahl an qualitätvollen niederländischen und internationalen Käsesorten ist Kalkman im kosmopolitischen Statenkwartier sehr beliebt. Das freundliche Personal lässt Sie gerne probieren. Es ist unmöglich, diesen Laden mit leeren Händen zu verlassen. Leckere selbst geröstete Nüsse.

144 **PROEFHUYS**

Van Schagenstraat 11
Voorburg ⑦
+31 (0)70 387 24 58
proefhuys.nl

Der Eigentümer Jochem Beijer ist nicht nur Käser, sondern auch Önologe, also ein Weinexperte. Neben einer großen Auswahl an niederländischen und internationalen Käsesorten verkauft er auch hervorragende Weine. Ein echter Leckerbissen sind die besonderen (saisonalen) Käsesorten wie Vacherin, L'Etivaz und im Leinentuch gereifter Cheddar aus Somerset. Jochem ist ein Genie, wenn es um die richtige Paarung von Wein und Käse geht.

145 **ALEXANDERHOEVE DEN HAAG**

Bankastraat 44
Archipel ④
+31 (0)70 355 02 44
alexanderhoevekaas.nl

Große Auswahl an niederländischen und internationalen Käsesorten, von denen Sie Besitzerin Annelies gerne probieren lässt. Zum Angebot gehören auch einige besondere Biersorten und ein vorzüglicher »Bierkäse«, den sie gemeinsam mit der berühmten Haager Biermarke Kompaan entwickelt hat.

5 *großartige*

FEINKOSTGESCHÄFTE

146 **VERS UIT DE GERS**
Kanaalweg 36
Scheveningen – Visserijbuurt ⑤
+31 (0)6 50 24 01 01
versuitdegers.nl

In ihrem kleinen Laden, der früher als Fahrradschuppen diente, verkaufen Ton und Veronica französische Köstlichkeiten, die sie persönlich importieren. Der lila Knoblauch ist sehr beliebt: Davon gehen etwa 5000 Kilo pro Jahr über den Ladentisch.

146 VERS UIT DE GERS

147 **TRAITEUR LE GÔNE**
Noordeinde 200c
Hofkwartier ②
+31 (0)70 362 50 26

Kleines authentisches französisches Restaurant mit Gerichten, die vor allem aus der Region Lyon stammen. Speisen, Ambiente und sogar das Personal sind französisch. Genießen Sie einen *plat du jour* mit einem Glas Rotwein zum Mittagessen oder nehmen Sie sich ein leckeres Sandwich mit.

148 **ELPIDIO**
Herenstraat 114
Voorburg ⑦
+31 (0)70 322 00 87
elpidio.nl

In dieser Enoteca im historischen Herzen von Voorburg fühlt man sich fast wie in Italien. Trinken Sie einen Espresso oder genießen sie an einem der wenigen Tische ein kleines Gericht oder ein Sandwich bei einem guten Glas Wein.

149 **GRANSJEAN**
Bankastraat 12
Archipel ④
+31 (0)70 350 39 80
gransjean.nl

Hier gibt es einfach alles: Wein, Champagner, niederländische und internationale Käsesorten, Schokolade, Gewürze, Olivenöl, Sardinenkonserven, seltene Salzsorten … Gransjean importiert viele Delikatessen direkt vom Erzeuger und verkauft auch lokale Spezialitäten, wie Honig von Haagse Honing. Ein Muss für anspruchsvolle Feinschmecker.

150 **MEZA**
Frederik Hendriklaan 115a
Scheveningen – Statenkwartier ③
+31 (0)70 324 78 71
meza.nl

Einladende Theke voller großer Platten mit libanesischen Gerichten. Fattusch, Tabouleh, Auberginen mit Kichererbsen oder Hackfleisch, *fatayer* (Fleisch- oder Käsepastete): Alles wird in dem Familienbetrieb täglich frisch zubereitet. Wenige Tische, Takeaway.

5 *fantastische*
BÄCKEREIEN

151 **LEKKER BROOD**
Herengracht 16
Voorhout ②
+31 (0)70 363 66 17
lekkerbrood.nl

Schön gekachelter alter Feinkostladen mit Bio-Brot von Mehrkorn und Dinkel bis hin zu speziellen Brotsorten wie Wakame-Brot und Rote-Bete-Brot. Zur Mittagszeit sind die frisch zubereiteten Sandwiches sehr beliebt.

152 **BOULANGERIE MICHEL**
2e Schuytstraat 121
Scheveningen – Duinoord ③
+31 (0)70 737 08 63
boulangeriemichel.com

Die knusprigen Baguettes und butterweichen Croissants gehören zu den besten der Stadt. Die Boulangerie Michel hat gleich mehrere Filialen, einige sind reine Bäckereien, andere, wie diese hier, Cafés, in denen man auch frühstücken oder zu Mittag essen kann.

153 **DS PATISSERIE**
Denneweg 136
Voorhout ②
+31 (0)70 406 24 33
dspatisserie.nl

Inhaberin Kelly Koopmans kreiert exquisite französische Köstlichkeiten wie Macarons, Eclairs und Tartelettes. Und zu *Sinterklaas* (Nikolaus) gibt es hier typische niederländische Leckereien wie Schokoladenbuchstaben (typischerweise bekommt der Beschenkte zu Nikolaus den Anfangsbuchstaben seines Namens), Marzipan und Spekulatius.

154 **PHILIPPE GALERNE**
Aert van der Goesstraat 24
Scheveningen – Statenkwartier ③
+31 (0)70 338 86 62
philippegalerne.nl

Seit ihrer Eröffnung 2006 ist diese französische Bäckerei im internationalen Statenkwartier sehr beliebt. An den Wochenenden stehen die Leute für frische Croissants und Baguettes Schlange. Galerne ist auch für seine Patisserie aus frischen saisonalen Zutaten bekannt.

155 **TARTINE**
Van Beverningkstraat 101
Scheveningen – Statenkwartier ③
+31 (0)70 406 22 78
tartinedenhaag.nl

Anfang 2022 verwirklichte sich Denis Bistrot in dieser ehemaligen Autolackiererei seinen Traum von einer französischen Patisserie mit fantastischen hausgemachten Torten, Eclairs und Madeleines. Zum Angebot gehören auch herzhafte Gerichte mit französischem Touch, zum Beispiel Salat mit Räucherlachs, Rillette und hausgemachte niederländische *bitterballen*.

152 BOULANGERIE MICHEL

Die 5 tollsten Geschäfte für
TEE UND KAFFEE

156 **INPROC**
Denneweg 63
Voorhout ②
+31 (0)70 346 15 41
inproc.nl

1853 gegründeter Laden, der früher Kolonialwaren aus Niederländisch-Ostindien verkaufte. Seit 2015 wird dieses gemütliche Tee- und Kaffeegeschäft von Krista Buys geführt, die die Kaffeebohnen selbst röstet und wunderbare Kaffee- und Teemischungen kreiert. Ein Klassiker ist die Melati-Teemischung aus acht verschiedenen Sorten.

157 **BOON**

157 **BOON**
Prinsestraat 114
Hofkwartier ②
+31 (0)70 744 49 72
koffiebranderijboon.nl

Ihre Nase wird Sie direkt zu Liannes Kaffeebar und Rösterei führen! Genießen Sie einen Espresso, Cappuccino oder Milchkaffee an den beiden Tischen im Inneren oder im kleinen Außenbereich auf dem Bürgersteig. Nur Kaffee, kein Essen.

158 **KALI TENGAH**
Weimarstraat 54
Segbroek ⑧
+31 (0)70 744 68 69
kalitengah.nl

Wenn Sie auf der Suche nach außergewöhnlichen Teesorten sind, werden Sie bei dieser hervorragenden Auswahl an (Bio-)Tees sicher fündig. Außerdem verschiedene Kaffeespezialitäten, darunter die der lokalen Marke BOON, und Tee- und Kaffeezubehör wie die schönen Bredemeijer-Teekannen.

159 **ESPRESSO PERFETTO**
Prinsestraat 47
Hofkwartier ②
+31 (0)6 14 53 37 73
espressoperfetto-denhaag.nl

Kleine Kaffeebar in einem Spezialgeschäft für hochwertige Espressomaschinen. Neben verschiedenen kleinen Kaffeemaschinen der Marken Vibiemme, BFC, Isomac und Pavoni finden Sie hier auch Ihre Lieblingskaffees.

160 **LENTE THEE EN CHOCOLADE**
Marcelisstraat 255b
Scheveningen – Visserijbuurt ⑤
+31 (0)70 752 20 94
lentetheechocolade.nl

Marjolein Ham, die Inhaberin dieses hübschen Ladens, reist regelmäßig ins indische Darjeeling, um die besten Teeblätter einzukaufen. Sie legt sehr viel Wert auf Qualität und führt wunderbare Tees aus Indien, Nepal und Japan. Außerdem hochwertige Schokolade und Honig aus Den Haag.

5 unwiderstehliche

SCHOKOLADENLÄDEN

161 **HOP & STORK**
DE PASSAGE
EINKAUFSZENTRUM
Passage 82
Altstadt ①
+31 (0)70 345 54 55
hopenstork.com

Garantierter Schokoladengenuss: In der Ladentheke des Chocolatiers werden Pralinen, Trüffel und Schokolade in verlockenden dicken Stücken attraktiv präsentiert. Außerdem gibt es hier eine gute Tasse Kaffee und saisonales Gebäck – und im Sommer großartiges Eis.

162 **BONBON-ATELIER WESTERBEEK**
Van Slingelandt-straat 121
Scheveningen – Statenkwartier ③
+31 (0)70 350 78 21
bonbonatelier westerbeek.nl

Dieses Geschäft hat eine unglaubliche Geschichte: Der Besitzer Nico Fernandes erbte es zu seiner Überraschung vor etwa 25 Jahren von dem berühmten Chocolatier Guus Westerbeek, den er nur einmal in seinem Leben getroffen hatte. Er beschloss, die Chance zu nutzen und erlernte die Kunst der Schokoladenherstellung. Mit Erfolg, denn dies ist eine der besten Adressen der Stadt für handgemachte Pralinen.

163 **THE CHOCOLATE-SHOP**
Limoenhof 1
Segbroek ⑧
+31 (0)70 701 32 54
thechocolateshop.nl

Schokoladenliebhaber kennen dieses nette kleine, in einem Wohngebiet versteckte Schokoladengeschäft. Die Besitzer Sanna und Ray sind stets auf der Suche nach guter und von der Bohne bis zur Tafel nachhaltiger Schokolade. Ausgezeichneter Kaffee, Workshops.

164 **DE BONTE KOE**
Korte Poten 57
Uilebomen ②
debontekoe.nl

Am Schaufenster drücken sich immer ein paar Schaulustige die Nasen platt, um den riesigen Schokoladenkuhkopf zu bewundern – eine Hommage an den Namen des Ladens (»bunte Kuh«), der früher einmal eine Metzgerei war. Die *haagsche hopjes*-Tafeln wurden von den berühmten niederländischen Kaffee-Karamell-Pralinen inspiriert und sind ein tolles Mitbringsel.

165 **PÂTISSERIE CHOCOLATERIE JARREAU**
Van Hoytema-straat 42
Haagse Hout ⑥
+31 (0)70 324 87 19
jarreau.nl

Naschkatzen fühlen sich in der exklusiven Pâtisserie Chocolaterie Jarreau ganz wie zu Hause. In dem in einem schicken Viertel unweit des Wohnsitzes der königlichen Familie gelegenen Geschäft gibt es nicht nur die besten Petit Fours, Macarons und Kuchen, sondern auch besonders schön anzusehende und leckere Pralinen. Versuchen Sie die berühmte – und preisgekrönte – Goldrush-Praline.

Die 5 besten Adressen *für* EXOTISCHE LEBENSMITTEL

166 **MARAKESH**
Stationsweg 134
Stationsbuurt ①
+31 (0)70 380 22 41
marakesh.nl

Unwiderstehliches und wunderschön anzusehendes marokkanisches Gebäck: frittierte *chebakia*, mit Mandelpaste gefüllte *briwats*, Kekse mit Anissamen oder Datteln und viele andere traditionelle marokkanische Süßigkeiten.

167 **INDIA GATE**
Hobbemaplein 50
Schilderswijk ⑨
+31 (0)70 356 30 62
india-gate.nl

Ein Muss für Foodies, denn hier gibt es alle indischen Gewürze und Zutaten, die man sich nur vorstellen kann. Dazu große Säcke mit Basmati-Reis, Linsen, Chapatti- und Kichererbsenmehl, Gewürzmischungen, frisches indisches Gemüse und *barfi* (Milchkonfekt).

168 **SURINAAMSE MARKT**
De Heemstraat 166
Schilderswijk ⑨
+31 (0)6 15 85 12 81

In diesem Laden betreten Sie ein Stück Surinam: stapelweise *koepila* (geräucherter und getrockneter Meerwels), große Bündel Spargelbohnen, Okraschoten, Madame-Jeanette-Chili, *tayer* (ein Knollengemüse). Das freundliche Personal hilft Ihnen gerne dabei, das beste Masala auszusuchen, oder erklärt, wie man das Festessen *pom* richtig zubereitet.

169 **AMAZING ORIENTAL YPENBURG**

Laan van Haamstede 36
Leidschenveen-Ypenburg ⑦
+31 (0)70 762 28 88
amazingoriental.com

Der größte asiatische Supermarkt der Stadt, vielleicht sogar der Niederlande! Wer auf der Suche nach speziellen chinesischen, japanischen, koreanischen oder vietnamesischen Zutaten ist, wird hier fündig. Riesige Auswahl an asiatischem Gemüse, frischem Fisch und asiatischen Küchenartikeln; es gibt sogar ein Restaurant.

170 **RN PRODUCTOS LATINOS**

Van Swindenstraat 118
Segbroek ⑧
+31 (0)6 47 86 74 19
rn-productoslatinos.nl

Die Besitzer Richard und seine kolumbianische Frau Patricia importieren die Produkte für ihren kleinen Laden selbst: kolumbianischer Kaffee, heiße Schokolade, tropische Fruchtshakes und kolumbianische Snacks. Sonntags kann es hier nach der spanischen Messe in der nahen Kirche voll werden.

168 **SURINAAMSE MARKT**

5 *empfehlenswerte*
WEINHANDLUNGEN

171 **VINO VERO**
Weimarstraat 36
Segbroek ⑧
+31 (0)70 302 02 00
vinovero.nl

Freundliches, auf Bio-Weine spezialisiertes Geschäft – hier können Sie immer auf eine kleine Weinprobe vorbeischauen. Samstagabends wird es schnell voll, wenn Freunde und Kunden auf ein Gläschen vorbeikommen. Nur am Donnerstag, Freitag und Samstag geöffnet.

172 **DE FILOSOOF**
Papestraat 5
Hofkwartier ②
+31 (0)70 230 06 02
defilosoof.eu

Hier werden Sie stilecht von einer prächtigen Perserkatze namens Sokrates empfangen – schließlich handelt es sich bei dem kleinen Laden um einen Treffpunkt für Philosophen, Schriftsteller und Dichter. Der ursprünglich aus Afghanistan stammende Inhaber ist selbst Philosoph und Dichter. Er importiert exklusive Weine, auch aus weniger bekannten Ländern wie Aserbaidschan. Außerdem gibt es hier einen ausgezeichneten hausgemachten Gin, der ebenfalls »Sokrates« heißt.

173 **MARIUS JOUW WIJNVRIEND!**
Piet Heinstraat 93
Zeeheldenkwartier ④
+31 (0)70 363 31 00
jouwwijnvriend.nl

Marius ist der Freund eines jeden Weinliebhabers! Dieser entzückende Laden ist von unten bis oben mit den besten Weinen für jeden Geldbeutel gefüllt und fungiert auch als Lieferant vieler angesagter Lokale der Stadt – vom Bistro bis zum gehobenen Restaurant. Weinverkostungen inklusive Essen im Nebenzimmer.

174 **WIJNHANDEL KOOPER**
Prins Hendrikstraat 43a
Zeeheldenkwartier ③
+31 (0)70 363 70 16

Diesen angenehm altmodischen Laden gibt es schon seit Jahrzehnten. Und er hat viel mehr zu bieten als nur Wein. Zum exklusiven Angebot gehören Kopke Port (darunter auch sehr alte und seltene Flaschen), Grappa, Malt Whisky, Eau de vie, niederländischer Van Wees Genever und Liköre.

175 **HET HAAGS WIJNHUIS (PAVIE WINES & GIFTS)**
Reinkenstraat 13
Scheveningen – Duinoord ③
+31 (0)70 356 08 05
pavie.nl

Spezialisiert auf Weine aus dem Burgund und Bordeaux. Angeblich deckt sich hier sogar der französische Botschafter ein. Durch die enge Zusammenarbeit mit einem Weinauktionshaus in Antwerpen hat dieses Geschäft regelmäßig einige Schätze – von sehr exklusiven alten bis hin zu erschwinglichen Tropfen – auf Lager.

5 ganz besondere

SHOPS ZUM STÖBERN

176 **DROGISTERIJ VAN DER GAAG**
Dagelijkse Groenmarkt 27
Altstadt ①
+31 (0)70 346 24 13
drogisterij vandergaag.nl

Diese hervorragend erhaltene Apotheke aus dem Jahr 1769 atmet Geschichte – und ist immer noch in Betrieb. Zur alten Einrichtung gehören der große gähnende Kopf über dem Eingang (ein altes niederländisches Apothekensymbol), die Holzschubladen, Fässchen, Flaschen und Waagen.

177 FREE BEER CO.

177 **FREE BEER CO.**

Prinsestraat 59
Hofkwartier ②
+31 (0)70 331 13 92
freebeerco.com

Der kanadische Besitzer vermisste die hippen Bierläden seiner Heimat und eröffnete deshalb die Free Beer Company. In dem klitzekleinen Geschäft mit entspannter Atmosphäre bietet er drei exklusive Biere vom Fass an. Keine Kneipe, aber man kann das Bier in großen Krügen mit nach Hause nehmen.

178 **GOEDMAN ART SUPPLIES**

Prins Hendrikstraat 51
Zeeheldenkwartier ③
+31 (0)70 345 13 24
rolfgoedman.nl

In einer Stadt mit einer Königlichen Kunstakademie ist ein Geschäft mit hochwertigem Künstlerbedarf ein Muss. Bei Goedman hat man mehr als 100 Jahre Erfahrung, zum Angebot gehört alles, was man zum Malen, Zeichnen, Blockdrucken oder Kalligrafieren braucht. Nebenan gibt es auch Bilderrahmen.

179 **WEMPE & WEMPE**

Buitenom 4
Altstadt ①
+31 (0)70 388 94 98
wempewempe.nl

Dieses entzückende Geschäft für Porzellanantiquitäten abseits der ausgetretenen Pfade gibt es seit 1989. Vielleicht entdecken Sie hier ein fehlendes Stück? Zum Beispiel einen Teller von Villeroy & Boch oder eine Untertasse von Wedgwood?

180 **HOUSE OF HATS**

Papestraat 24
Hofkwartier ②
+31 (0)70 406 00 53
houseofhats.nl

In Susan Dekkers bezauberndem Laden findet man Kopfbedeckungen für jeden Tag: Stilvolle Stetsons oder Borsalinos, aber auch weniger bekannte Marken wie ReHats, die coole upcycelte Hüte aus gebrauchten Kaffeebohnensäcken herstellen.

Die 5 schönsten Läden mit VINTAGE- *und* RETROMÖBELN

181 **LITTLE GREEN SHOP BAR EN ZO**
Prins Hendrikstraat 103
Zeeheldenkwartier ③
+31 (0)6 55 90 03 45
bar-enzo.com

Dieser gemütliche und inspirierende Laden spiegelt die Liebe der Inhaber Barro und Zoë zu nachhaltigen und lokalen Produkten wider: Pflanzen, Vintage-Möbel und -Kleidung sowie lokale Produkte. Zoë ist für die Dekoration zuständig, während Barro sich mit seinem grünen Daumen um die zahlreichen Pflanzen kümmert.

182 **SPRINKEL + HOP**
Weimarstraat 19
Segbroek ⑧
+31 (0)6 47 96 43 26
sprinkelhop.nl

Wenn man diesen hübschen Laden betritt, fühlt man sich gleich wie in Omas Wohnzimmer. Die Möbel und Designobjekte lassen die Fünfziger- und Sechzigerjahre aufleben: Barwagen und Beistelltische aus Messing, Couchtische aus Glas und Resopal, Rattanstühle und Zeitschriftenständer. Zum Angebot gehört auch eine große Auswahl an Lampen, bunten Glaswaren, alten Blumenvasen und Spiegeln.

181 LITTLE GREEN SHOP BAR EN ZO

183 **PRESENT LIVING**
Piet Heinstraat 99
Zeeheldenkwartier ④
+31 (0)6 48 51 72 28
presentliving.nl

Der Besitzer reist auf seiner Suche nach Vintageobjekten oft nach Frankreich und England und kommt mit alten Schränken, Spiegeln, Tischen, Koffern, Küchenutensilien, wunderschönen verzierten Tellern und vielem mehr zurück. Die meisten Möbel werden vor dem Verkauf weiß gestrichen. Zum Angebot gehören außerdem Pflanzen, Taschen und Schmuck.

184 **BENNIES FIFTIES**
Namensestraat 73
Scheveningen –
Belgisch Park ⑤
+31 (0)70 358 58 10
fiftiesstore.com

Die richtige Adresse für alle mit einem Faible für das Amerika der Fünfzigerjahre. Die Besitzer reisen regelmäßig in die USA, um dort ganze Container mit alten Jukeboxen, Flipperautomaten, Neonschildern, Straßenschildern, Nummernschildern, Diner-Möbeln und Original-Tanksäulen vollzuladen. Auch Retroartikel.

185 **DEJA VINTAGE**
Westvlietweg 74
Leidschenveen-
Ypenburg ⑦
+31 (0)6 23 44 34 53
dejavintage.com

Möbel aus der Mitte des letzten Jahrhunderts sind wieder angesagt – Deja Vintage hat eines der größten Angebote der Stadt. In der Lagerhalle am Rande von Den Haag finden Sie Sideboards aus Teakholz, Ledersofas, Servierwagen aus Messing, Satztische und vieles mehr. Möbel in gutem Zustand, viele Designerstücke.

Die 5 besten LIFESTYLE- *und* CONCEPT-STORES

186 **POUSH.**
Frederik Hendrik-laan 245
Scheveningen – Statenkwartier ③
+31 (0)6 15 38 73 25
poush.nl

Laden nach dem Shop-in-Shop-Prinzip, in dem kleine, meist niederländische Unternehmen ihre einzigartigen Produkte verkaufen. Erschwinglicher Schmuck, Mode, Taschen, Schals, Schreibwaren und kleine Dekorationsartikel. Jedes Produkt erzählt eine Geschichte – eine tolle Adresse für alle, die auf der Suche nach einem schönen Geschenk sind.

187 **STIJLBANDIET**
Fahrenheitstraat 644
Segbroek ⑧
stijlbandiet.nl

Trendige Damenbekleidung und Accessoires, niedliche Babysachen, coole Geschenke, schönes Geschirr, Möbel und Dekoartikel. Dieser von Mutter und Tochter geführte große, attraktive Lifestyle-Laden in der Fahrenheitstraat ist ein wahres Schmuckstück. Hier finden Sie auch Modeartikel von MSCH, Lois Jeans, ESTHRZ und VILA.

188 COUQOU

Noordeinde 59
Hofkwartier ②
+31 (0)6 14 03 52 03
couqou.com

Das kreative, von einem jungen Paar geführte Geschäft liegt versteckt in einer Gasse in Noordeinde. Niek entwirft die coolen modernen Möbel, Jacqueline die Lampenschirme – und ihr Vater die Ledertaschen. Außerdem gehören Kleidung, Schmuck und Dekoartikel zum Angebot.

189 PR8T1G

Herenstraat 81
Voorburg ⑦
+31 (0)6 24 26 13 22
PR8T1G.nl

Der Name dieses hübschen kleinen Lifestyle-Ladens im historischen Herzen von Voorburg wird *prachtig* ausgesprochen. Die Inhaberin Vivien de Bruijn verkauft, was ihr selbst gefällt: Bufandy-Schals, Yeez-Louise-Shirts (YZLS) und MIAB-Schmuck. Aber die schönsten Stücke sind die robusten Ledertaschen, die sie selbst designt!

190 HAAGSE HELDEN

COLLECTIV. BY SWAN
Schoolstraat 20-22
Altstadt ①
+31 (0)70 737 00 91
collectivbyswan.nl

Der ideale Laden, wenn Sie ein einzigartiges Geschenk suchen. Bei COLLECTIV. by Swan verkaufen junge kreative niederländische und Haager Unternehmer ihre Produkte, darunter Taschen aus alten Ledersofas, hippe, aber erschwingliche Sonnenbrillen, vegane Kosmetik, hochwertige Tees und Schokolade, Flaschengärten und vieles mehr.

5 *Adressen für schöne* MÖBEL UND DEKO-ARTIKEL

191 **WATT DESIGN**
Laan van
Meerdervoort 94a
Zeeheldenkwartier ③
+31 (0)70 363 06 01
wattdesign.nl

Das geräumige und schöne Geschäft in der Laan van Meerdervoort ist genau das Richtige für alle, die auf der Suche nach einer ungewöhnlichen Designerlampe oder einem Sofa sind, um ihr Zuhause aufzupeppen. Das Beleuchtungs- und Einrichtungsgeschäft gibt es bereits seit mehr als 30 Jahren, seine Spezialität sind Art déco und modernes Design; viele niederländische Labels.

192 **HEINDE & VAN VERRE**
Vondelstraat 48
Zeeheldenkwartier ④
+31 (0)70 346 37 92
hvvinterieur.nl

Farbenfrohe naturbelassene Stoffe und Wohnaccessoires – die Inhaber importieren ihre fair gehandelten Waren selbst aus Indien. Ob Kissen, Quilts, Decken, Überwürfe, Teppiche und Hocker: Jedes Stück ist handgefertigt und einzigartig. Einfach unwiderstehlich.

193 **MAS**

193 **MAS**

Frederikstraat 565
Willemspark ④
+31 (0)70 345 09 03
masinterieur.nl

MAS steht für cooles und modernes Wohndesign. Der große Showroom mit Möbeln, Leuchten, Teppichen und exklusiven Designertextilien ist einfach inspirierend. Dabei lässt sich MAS nicht von Trends leiten: Die modernen Designs sind immer frisch und oft zeitlos. Zum Angebot gehört auch ein kompletter Einrichtungsservice.

194 **STUDIO VAN 'T WOUT**

Zeestraat 94
Zeeheldenkwartier ④
+31 (0)70 392 27 47
studiovantwout.nl

Die Besitzer dieses großen Einrichtungshauses arbeiten sozusagen im Homeoffice, denn ihre wunderbare Wohnung im ersten Stock ist Teil des Ausstellungsraums. Hier finden Sie Inspiration für Ihre neue Einrichtung. Der Stil orientiert sich nicht an Trends, sondern ist modern, zeitlos und luxuriös.

195 **EDWIN PELSER**

Piet Hein-
straat 123-125
Zeeheldenkwartier ④
+31 (0)70 360 92 37
edwinpelser.nl

Modernes Design kann auch intim und persönlich sein. Inhaber Edwin Pelser verkauft nur Stücke von niederländischen und internationalen Designern, die ihm gefallen und die alle eine einzigartige Geschichte zu erzählen haben, darunter das dänische Label Muuto und das niederländische Vij5. Besuchen Sie auch den kleinen Garten mit den auffälligen niederländischen Weltevree-Möbeln!

5 Läden für wunderbare GESCHENKE

196 **WAUW**
Piet Heinstraat 51a
Zeeheldenkwartier ④
+31 (0)70 201 37 37
wauwwarenhuis.nl

Dieser nette kleine Geschenkeladen mit Pflanzen, Vintage-Möbeln und Kuriositäten ist an sich schon einen Besuch wert. Hier gibt es Mitbringsel, die man anderswo nicht so leicht findet, wie handgefertigten Schmuck, schöne Schreibwaren und Dekoartikel.

197 **WNKL**
Piet Heinstraat 57
Zeeheldenkwartier ④
+31 (0)6 81 93 19 75
wnkldenhaag.nl

Perfekte Geschenke für alle, die nicht nur bewusst einkaufen, sondern auch Wert auf Details und Design legen. Wunderschöne bedruckte Textilien, handgefertigte Ledertaschen und Geldbörsen, originelle Lampen, Spielzeug, Vasen, Seifen, Schreibwaren und vieles mehr.

198 KIKKE SPULLE

Frederik Hendrik-laan 198
Scheveningen – Statenkwartier ③
+31 (0)70 753 36 07
kikkespulle.nl

Trendiges, Modernes und Originelles. Gut sortiertes Geschäft mit Geschenkartikeln, Gadgets, Spielzeug, Lampen, Lifestyle-Produkten und modernen Möbeln. In der Filiale an der Westeinde gibt es auch bunte Vintage-Möbel.

199 HET APPELTAART-GEVOEL

Noordeinde 79
Hofkwartier ②
+31 (0)70 737 02 17
hetappeltaartgevoel.nl

Dieses Geschäft möchte Ihnen ein warmes, gemütliches und köstliches *appeltaartgevoel* (»Apfelkuchengefühl«) vermitteln und hat alles im Angebot, was man dazu braucht: von hübschen Geschenken bis hin zu kleinen Einrichtungsgegenständen und Schreibwaren. Im Sommer gibt es im Garten hinter dem Laden auch richtigen Apfelkuchen.

200 WAAR

Fahrenheitstraat 496
Segbroek ⑧
+31 (0)70 205 02 68
ditiswaar.nl

Ethisch einwandfreie und nachhaltige Geschenke! Ob Mode, Wohnaccessoires, Lebensmittel oder Bücher: Alles ist bio, recycelt, fair gehandelt und umweltfreundlich. Schönes und Trendiges für Menschen, die auf sich selbst, andere und die Erde achten möchten. Sogar der Laden selbst besteht aus nachhaltigen Materialien und Dekorationen.

5 *inspirierende*

SCHMUCKGESCHÄFTE

201 **LIESBETH BUSMAN**
Prinsegracht 32
Altstadt ①
+31 (0)70 889 16 30
liesbethbusman.nl

Goldschmiedin Liesbeth Busman lässt sich von der Natur inspirieren, von Korallen, Zweigen, Flügeln oder der weiten Landschaft der Kalahari-Wüste. Ihr kostbarer Schmuck besteht aus recyceltem Silber und Gold sowie konfliktfreien Edelsteinen. Beeindruckendes Atelier in einem historischen Gebäude.

201 LIESBETH BUSMAN

202 LAURIE HERMELER
Oude Molstraat 7
Hofkwartier ②
+31 (0)70 331 15 59
lauriehermeler.nl

In ihrem gemütlichen Ladenatelier entwirft Goldschmiedin Laurie Hermeler Ringe, Ohrringe und Halsketten. Ihre Passion ist es, alten Schmuck in etwas Kostbares und Neues zu verwandeln, dafür arbeitet sie oft mit einzigartigen Edelsteinen. Viele Einzelstücke.

203 GALERIE GUTHSCHMIDT
Prinsestraat 39-43
Hofkwartier ②
+31 (0)6 12 46 85 27
galerieguthschmidt.nl

In dieser Galerie werden zeitgenössischer Schmuck und Kunstobjekte von etwa 30 niederländischen und internationalen Designern gezeigt, zum Beispiel wunderschöne Stücke aus Gold oder Silber von Ria Lins oder Nicolette van Hattum.

204 PEPITA D'ORO
Thomsonlaan 104a
Segbroek ⑧
+31 (0)70 330 66 40
pepitadoro.nl

Die talentierte junge Goldschmiedin Rose entwirft tragbare und trendige Ringe, Ketten, Armbänder und Ohrringe. Viele ihrer Werkzeuge hat sie von ihrer Großmutter geerbt, die ebenfalls Goldschmiedin war. In dem hellen kleinen Laden sind ihr eigenes Label Charlierose, aber auch einige andere erschwingliche Marken vertreten.

205 OH DEAR
Molenstraat 56
Hofkwartier ②
+31 (0)70 870 06 07
ohdearshop.com

Vier Schmuckdesigner mit jeweils eigenem Stil unter einem Dach. In ihrem originellen Ladenatelier kann man ihnen oft bei der Arbeit zusehen. Kostbarer Schmuck aus Gold, Silber und Edelsteinen.

5 richtig gute Adressen für
VINTAGE- UND SECONDHAND-KLEIDUNG

206 **SPOOKY & SUE**
Conradkade 34
Segbroek ⑧
+31 (0)6 19 98 77 15
spookyandsue.nl

Stilvolle Vintage- und Secondhand-Kleidung in sehr gutem Zustand und zu günstigen Preisen. Qualitätsmarken wie zum Beispiel Claudia Sträter, KOOKAÏ und King Louie.

207 **ZUSJES VINTAGE BOETIEK**
Boekhorststraat 93
Altstadt ①
zusjesvintageboetiek.business.site

Die Inhaber Sanne und Moniek sind immer auf der Suche nach einzigartigen und immer aktuellen Klassikern aus dem letzten Jahrhundert. Alle Kleidungsstücke sind sauber und gebügelt. Der Jugendstilladen ist geräumig, gut organisiert und einfach schön. Ein Muss!

208 **ILKA VINTAGE**
Sumatrastraat 160
Archipel ④
+31 (0)6 14 61 44 08
ilkavintage.nl

Wenn Sie sich ohne schlechtes Gewissen ein (Designer-)Kleidungsstück gönnen möchten, sollten Sie sich in dieser gemütlichen Boutique mit hochwertiger Vintage- und Secondhand-Kleidung umsehen. Erschwingliche Schätze, wie ein Sommerkleid von La Fée Maraboutée oder ein Paar Prada-Schuhe.

209 **VINTAGE ISLAND**
Korte Poten 29
Uilebomen ②
+31 (0)70 412 79 72
vintageisland.nl

Riesiges Angebot an amerikanischer Kleidung: Westernstiefel, Turnschuhe, Jeans, (hässliche Weihnachts-)Pullis und Lederjacken. Außerdem skandinavische und britische Stücke.

210 **EVY'S**
Prinses Mariestraat 7c
Willemspark ④
+31 (0)6 27 31 08 43
evysvintage.nl

Kleiner, romantischer Vintage-Laden mit hochwertiger Markenkleidung in neuwertigem Zustand. Ob ein Kleid von Tomas Maier, Schuhe von Gucci, eine Tasche von Prada oder Ohrringe von Chanel – jedes Stück wird von der Besitzerin sorgfältig ausgewählt.

207 **ZUSJES VINTAGE BOETIEK**

Die 5 tollsten Boutiquen für DAMENMODE

211 **APPEL & EI**
Papestraat 17
Hofkwartier ②
+31 (0)70 206 00 20
appelenei.nl

Heller, großer Secondhand-Shop ohne jeden Muff! Die tadellose Kleidung ist höchstens 3 Jahre alt, darüber hinaus verkauft Appel & Ei auch Restposten. Ein Muss für alle, die lieber etwas Gebrauchtes als etwas Neues kaufen, um unseren Planeten zu schonen.

212 **WWEN**
Prinsestraat 70
Hofkwartier ②
+31 (0)70 392 77 73
wwen.nl

Die Kollektion von WWen ist nicht nur bunt, kreativ und einzigartig, sondern auch nachhaltig. Viele Artikel werden aus umweltfreundlichen Materialien wie Bambus, Bio-Baumwolle und Hanf hergestellt. Große Auswahl an Bio- und Fair-Trade-Marken.

213 **OWN & CLUB**
Denneweg 114c
Voorhout ②
+31 (0)70 345 03 33
own-club.nl

Geräumiges, einladendes Geschäft mit vielen angesagten niederländischen und internationalen Modelabels. Hier ist für jeden Geschmack etwas dabei: bequeme Strickwaren von American Vintage, fröhliche Kleider von Freebird und freche Lederjacken von Goosecraft.

214 **JUST**
Molenstraat 43
Hofkwartier ②
+31 (0)70 200 26 66
just-denhaag.nl

Winzige Boutique in einer malerischen Straße mit angesagten und erschwinglichen (niederländischen) Kleidungs- und Accessoire-Marken wie Zusss, Birds on the Run und A Beautiful Story. Secondhand-Kleidung im hinteren Ladenbereich.

215 **ART & CASEY**
Korte Poten 36
Uilebomen ②
+31 (0)70 360 97 49
artencasey.nl

Boutique mit einer schönen Mischung aus nachhaltigen und (kleineren) Designermarken. Fröhliche Labels wie Avoca, Happy Rainy Days, La Fée Maraboutée, Nathalie Vleeschouwer, People Tree und See U Soon. Außerdem Retro- und Vintage-Artikel, Schuhe und Taschen.

Die 5 besten Adressen für
HERRENKLEIDUNG

216 **STORE DU NORD**
Noordeinde 49
Hofkwartier ②
+31 (0)70 737 02 34
storedunord.com

Wunderschöner Laden mit einzigartiger Herrenmode. Das Wohlergehen unseres Planeten genießt bei Store Du Nord höchste Priorität. Der Inhaber ist immer auf der Suche nach gut gemachten Kleidungsstücken von unabhängigen Designern und kleinen Herstellern, die seine Vision teilen. Slow Fashion in Reinkultur!

217 **ETTEMADIS**
Noordeinde 88
Hofkwartier ②
+31 (0)70 215 62 05
ettemadis.com

Stilvoller, moderner Herrenschneider, dessen Wurzeln bis ins Teheran der Fünfzigerjahre zurückreichen. Das Angebot – von elegant-lässiger Herrenbekleidung über Hemden und Krawatten bis hin zu Anzügen – wird in den schönen Räumlichkeiten an der Noordeinde nach immer aktuellen Entwürfen handgefertigt.

218 UPTOWN

Prinsestraat 2c
Hofkwartier ②
+31 (0)70 412 94 04
uptown-denhaag.nl

Etwas außerhalb des Haupteinkaufsviertels gelegene gehobene Herrenboutique. Großes Angebot für ein junges und trendiges Publikum mit Marken wie Won Hundred, Maison Kitsuné, Stüssy, AMI Paris, Jason Markk und Libertine-Libertine. Das prächtige Interieur trägt zum Einkaufserlebnis bei.

219 WHITE

Denneweg 116
Voorhout ②
+31 (0)70 756 04 93
whiteonline.nl

Modebewusste Männer lieben diesen Laden für sein maskulines Ambiente mit dunklen Farben, einem Vintage-Motorrad und Sitzgelegenheiten. Am Wochenende gibt es hier außerdem Wein, Käse, Whisky und ein Team von schicken Verkäufern, die Ihnen bei der Auswahl Ihrer Garderobe zur Seite stehen. Edle und robuste Kleidung von hochwertigen und einzigartigen Marken.

220 BENDORFF

Prinsestraat 11
Hofkwartier ②
+31 (0)70 364 41 14
bendorff.nl

Großes und gut organisiertes Geschäft mit Freizeitkleidung und Accessoires für den Herrn. Marken wie J.Lindeberg, RVLT Revolution und das erschwingliche Label Dstrezzed. Bendorff ist auf Denim spezialisiert und hat coole Jeans von Diesel, Kings of Indigo und Nudie. Verpassen Sie nicht die Schallplattenecke!

5 *perfekte* SCHUHLÄDEN

221 **BOOTS BY M**
Noordeinde 100
Hofkwartier ②
+31 (0)70 346 39 55
bootsbym.nl

Jeder modebewusste Mensch braucht ein auffälliges Paar handgefertigter Cowboystiefel in seinem Kleiderschrank! Hier finden Sie authentische amerikanische Label wie Lucchese, die hochwertige Marke aus Texas, die von vielen Prominenten getragen wird, oder die reich verzierten Old-Gringo-Stiefel. Außerdem Ledergürtel, schöne Taschen, Geldbörsen und Accessoires.

222 **REINHARD FRANS**
Frederikstraat 8
Willemspark ④
+31 (0)70 427 58 75
reinhardfrans.nl

Das Motto dieses niederländischen Familienunternehmens lautet »erschwinglicher Luxus«. Deshalb bieten seine handgefertigten Herrenschuhe ein sehr gutes Preis-Leistungs-Verhältnis. Die eleganten Schuhe sind aus hochwertigem Kalbsleder gefertigt und werden von Hand gefärbt. Jedes Paar ist ein Unikat.

223 BAMBURISTA

Papestraat 3
Hofkwartier ②
+31 (0)6 21 17 11 42
bamburista.nl

Schuhe von Bamburista verringern Ihren ökologischen Fußabdruck. Drei unternehmerisch denkende Schwestern, die sich für eine grünere Zukunft einsetzen möchten, haben vor Kurzem diese äußerst nachhaltige Turnschuh-Marke gegründet. Die hellen, farbenfrohen Schuhe für Männer und Frauen bestehen zu 100 Prozent aus Bambus und Naturkautschuk und werden in Europa hergestellt.

224 DE RODE LOPER

Hoogstraat 26
Hofkwartier ②
+31 (0)70 365 02 55
derodeloper.nl

Kühne und extravagante Designs für stolze, kosmopolitische und glamouröse Frauen und Männer, die Wert auf Luxus und Details legen. Gucci, Givenchy, Saint Laurent, Balenciaga, Isabel Marant – hier sind alle internationalen Spitzenmarken vertreten.

225 HUYKMAN & DUYVESTEIN

Zilverstraat 21
Escamp ⑨
+31 (70) 366 18 98
hdos.nl

Dieses Familienunternehmen stellt bereits seit 1781 Herrenschuhe her – und geht immer mit der Zeit. Trendige, im Haus entworfene und von Hand gefertigte Schuhe in leuchtenden Farben und aus feinstem Leder. Kein herkömmlicher Schuhladen, sondern ein Schuster mit einem Ausstellungsraum.

5 einfach wunderbare
BUCHHANDLUNGEN

226 **DOUWES**
Herengracht 60
Altstadt ②
+31 (0)70 737 11 26
boekhandeldouwes.nl

Dieses Geschäft hat vor Kurzem die fabelhafte Sammlung der Reisebuchhandlung Stanley & Livingstone übernommen und verfügt nun über das größte Angebot an Reiseliteratur von Den Haag. Zum Angebot gehören auch Globen, Atlanten, Wander- und Fahrradkarten sowie Bücher rund um das Thema Eisenbahn. Lesestoff zu allen möglichen Sachthemen, Belletristik, englische und deutsche Bücher.

227 **PAAGMAN**
Frederik Hendriklaan 217
Scheveningen – Statenkwartier ③
+31 (0)88 338 38 38
paagman.nl

Signierstunden, Performances, kleine Veranstaltungen: In dieser großen Buchhandlung in Familienbesitz ist immer etwas los. Es gibt auch ein Café – hier lässt sich also ganz wunderbar viel Zeit verbringen. Auch englische Bücher.

228 **PARIMAR BOEKEN**
Korte Molenstraat 17a
Hofkwartier ②
+31 (0)70 365 82 26
parimar.nl

Diese bezaubernde Buchhandlung ist die erste Adresse für Restposten. Die Besitzerin kauft Bücher von meist amerikanischen und englischen Verlagen und verkauft sie für die Hälfte des Originalpreises. Wunderschöne Kunst- und Fotobände, aber auch Koch- und Geschichtsbücher, Reiseführer, Belletristik und schöne (Pop-up-)Kinderbücher.

229 **DE VRIES VAN STOCKUM**
Spui 40
Uilebomen ②
+31 (0)70 302 81 10
vanstockum.nl

Heutzutage muss eine Buchhandlung einiges bieten, um Kunden anzuziehen. Van Stockum liegt zentral am Spui und kann mit einem Bagel & Beans-Café sowie sehr kompetenten Mitarbeitern aufwarten. Englische, deutsche, französische und spanische Bücher.

230 **ABC (AMERICAN BOOK CENTER)**
Lange Poten 23
Uilebomen ②
+31 (0)70 364 27 42
abc.nl

Der ultimative Laden für englische Bücher in Den Haag! Der Familienbetrieb hat eine große Auswahl sowohl an Belletristik als auch an Sachbüchern und amerikanischen Zeitschriften. Vergessen Sie nicht, einen Blick in die Abteilung für Second-Hand-Bücher im Obergeschoss zu werfen.

5 *sehenswerte* GALERIEN *und* KUNSTVERLEIHE

231 **HEDEN**
Denneweg 14a
Voorhout ②
+31 (0)70 346 53 37
heden.nl

Hier können Sie Kunst leihen oder kaufen oder einfach nur vorbeikommen und eine der kostenlosen Ausstellungen besuchen. Heden bietet angehenden Talenten eine Plattform und organisiert regelmäßig Events. Ziel ist, Kunst für alle zugänglich zu machen.

232 **HAAGSE KUNSTKRING**
Denneweg 64
Voorhout ②
+31 (0)70 364 75 85
haagsekunstkring.nl

Diese Kunstvereinigung gibt es seit 1891. Zu ihren Mitgliedern zählen bekannte Künstler, Schriftsteller, Architekten, Musiker und Fotografen. Ausstellungen, Lesungen, Konzerte, Workshops und Dinnerpartys.

233 **DE KUNSTUITLEEN & DE GALERIE DEN HAAG**
Noordeinde 69-71
Hofkwartier ②
+31 (0)70 392 08 13
degaleriedenhaag.nl

Galerie für zeitgenössische Kunst, in der Radierungen, Lithografien, Siebdrucke, Fotografien und Originalgemälde zum Leihen oder Kaufen angeboten werden. Das benachbarte Project 2.0./Gallery (Noordeinde 57), das ebenfalls Coen van den Oever gehört, konzentriert sich auf ausgefallene Kunst renommierter niederländischer und internationaler Künstler.

234 GALERIE RAMAKERS

Toussaintkade 51
Zeeheldenkwartier ④
+31 (0)70 363 43 08
galerieramakers.nl

Anspruchsvolle, nicht unbedingt gefällige Kunst. Seit 1994 zeigt Gründerin Catalijn Ramakers hier, was sie selbst interessiert: vor allem experimentelle, minimalistische und surreale Werke. Niederländische und internationale Künstler wie Pat Andrea, Klaus Baumgärtner, Ossip und Warffemius.

235 DÜRST BRITT & MAYHEW

Van Limburg Stirumstraat 47
Stationsbuurt ①
+31 (0)70 444 36 39
durstbrittmayhew.com

Diese innovative Galerie für zeitgenössische Kunst liegt etwas versteckt in einer ehemaligen Autowerkstatt in der Nähe des Bahnhofs Hollands Spoor. Werke experimenteller niederländischer und internationaler Künstler.

231 **HEDEN**

5 empfehlenswerte Shops für SURFER UND SKATER

236 **NOORDZEE BOARDSTORE**
Badhuisstraat 72
Scheveningen – Visserijbuurt ⑤
+31 (0)70 201 51 53
noordzeeboardstore.nl

Ein Paradies für Surfer. Dieser Shop bietet alles, was man für das ultimative Surferlebnis braucht: eine große Auswahl an neuen und gebrauchten Surfbrettern, Neoprenanzüge, Zubehör und Mitarbeiter mit viel Know-how. Auch Reparaturen.

236 **NOORDZEE BOARDSTORE**

237 **ALOHA**
Strand Noord 2b
Scheveningen - Strand ⑤
+31 (0)70 322 71 71
alohasurf.nl

Ein Surfshop direkt am Strand! Neoprenanzüge, Bretter und Surfbekleidung aller großen Marken. Zum Aloha gehören neben dem Laden auch eine Surfschule und ein Strandpavillon mit entspannter Atmosphäre. Ganzjährig geöffnet.

238 **SHAKA**
Vissershavenweg 62
Scheveningen - Hafen ⑤
+31 (0)70 358 48 00
shakaonline.nl

Surfartikelladen mit Kitesurfingschule - die Küste bei Den Haag ist ideal zum Kitesurfen. In diesem gemütlichen Laden finden Sie alles, was Sie brauchen, sogar komplette Kitesurfing-Sets und schöne Strandkleidung.

239 **MANUS SKATESHOP**
Papestraat 19
Hofkwartier ②
+31 (0)70 363 46 44
manusskateshop.nl

Der Besitzer dieses kleinen Ladens im Stadtzentrum legt großen Wert auf qualitativ hochwertige Skateboards, Schuhe und Kleidung. Er verkauft nur das Beste vom Besten und unterstützt kleine unabhängige Marken. Gutes Preis-Leistungs-Verhältnis.

240 **SICKBOARDS**
Maanweg 24
Laak ⑦
+31 (0)70 870 05 01
sickboards.nl

Beeindruckende Auswahl an Longboards, Skateboards, Streetwear und Skateschuhen. Zum Glück hilft das freundliche und sachkundige Personal bei der Entscheidung. Skatepark, in dem man die Boards vor dem Kauf ausprobieren kann - ein Traum für alle Skateboarder.

5

LOKALE DESIGNER, *die man nicht verpassen sollte*

241 **MOOFERS' SALON**
Toussaintkade 22
Zeeheldenkwartier ④
+31 (0)70 205 74 84
mooferclothing.nl

Jennifer van Haastert gründete 2017 ihr Damenmode-Label Moofers Clothing. Charakteristisch für ihre Entwürfe ist die Verwendung von nachhaltigen Stoffen und ein schlichter, femininer und zeitloser Look. In ihrem Laden an der Toussaintkade arbeitet sie mit einer Reihe von Malern und anderen Künstlern zusammen.

242 **MICHAEL BARNAART**
Papestraat 1b und 3
Hofkwartier ②
+31 (0)70 744 57 05
michaelbarnaart.com

Der Modedesigner Michael Barnaart ist berühmt für seine bequemen Trikotkleider mit lustigen Prints. Sehr bekannt ist sein schwarz-blau-rotes Mondrian-Kleid, aber typisch sind auch die Modelle mit bedruckten Gürteln, Knöpfen und Blumenmustern. Er besitzt zwei nebeneinander liegende kleine Läden: einen für Mode und einen für von ihm entworfene Haushaltswaren und Geschenke.

243 **BERRY RUTJES**

Noordeinde 182
Hofkwartier ②
+31 (0)6 22 60 06 65
berryrutjes.com

In Den Haag kommen Designerhüte nie aus der Mode. Berry Rutjes, die bekannteste Haager Hutdesignerin, entwirft für keine Geringere als Königin Máxima persönlich. Aber auch Normalsterbliche sind in ihrem »Salon Royal« willkommen (nur nach Terminvereinbarung geöffnet). Sie weiß besser als jeder andere, welcher Hut zu Ihrem Gesicht passt.

244 **STUDIO MRS. ROSEHIP**

Stevinstraat 141
Scheveningen – Belgisch Park ⑤
+31 (0)6 11 31 57 54
mrsrosehip.com
cursustassenmaken.nl

Die Taschen von Mrs. Rosehip erkennt man sofort, denn sie werden aus gefaltetem Leder hergestellt, ein arbeitsintensives Verfahren. Sie sind schick, luxuriös und nachhaltig und können online oder im Hotel des Indes erworben werden – Mrs. Rosehip hat keinen Laden. Der Designer Roos van Put führt auch eine private Schule für Lederherstellung, in der Sie lernen können, Ihre eigene Tasche herzustellen.

245 **SECRID**

+31 (0)70 390 21 80
secrid.com

René und Marianne van Geer sind die Erfinder der weltberühmten Aluminium-Kartenhüllen. Die Idee hatten sie bereits in den 1990er-Jahren, richtig erfolgreich wurden sie damit aber vor etwa zehn Jahren, da die Hüllen Skimming unmöglich machen. Secrid-Kartenhüllen werden in Holland hergestellt und sind inzwischen in über 70 Ländern erhältlich.

5 charmante
BLUMENLÄDEN

246 **THE FLOWER KITCHEN**
Prins Willemstraat 32
Scheveningen – Visserijbuurt ⑤
+31 (0)70 355 61 30
theflowerkitchen.nl

Bezaubernde Blumenboutique in einer renovierten alten Feuerwache. Im hinteren Teil des Ladens, in dem die Inhaber Steven und Lilith wunderschöne Blumensträuße kreieren, standen einst pferdegezogene Feuerwehrwagen. Zum Angebot gehören auch Zimmerpflanzen, Kakteen, Blumentöpfe und Vasen.

247 **ABOUT FLOWERS**
Korte Houtstraat 14
Uilebomen ②
+31 (0)70 362 13 02
aboutflowers.nl

Heller, freundlicher und nachhaltiger Blumenladen in einer malerischen Gasse. Atemberaubende Arrangements, hochqualitative Blumen und viele einzigartige Sorten.

248 **FILYA INDOOR GARDEN**
Fluwelen Burgwal 1f
Uilebomen ②
+31 (0)6 50 25 45 65
filyaindoorgarden.com

Wer sich zu Hause einen urbanen Dschungel schaffen möchte, ist hier genau richtig: Terrarien, hängende Kokedamas, Bonsais – bei Filya gibt es einfach alles. Inhaberin Daniela kennt sich dazu bestens in der Pflanzenwelt aus, sie weiß, was giftig ist oder die Qualität der Raumluft verbessert. Ein Muss für Pflanzenliebhaber!

249 **AU PETIT PONT**
Mauritskade
(Ecke Nieuwe
Schoolstraat)
Voorhout ②
+31 (0)70 346 85 75

Dieser schöne Blumenkiosk wurde vor etwa 40 Jahren auf der kleinen Brücke an der Frederikstraat eröffnet (daher stammt der Name). Als der Laden sich vergrößerte, zog er an den heutigen Standort um. Superfrische Blumen und immer auch einige besondere Sorten. Samstags kann es sehr voll werden.

250 **IMPROMPTU**
Willem de
Zwijgerlaan 52
Scheveningen -
Statenkwartier ③
+31 (0)70 355 43 73
impromptu.nu

Der extravaganteste Blumenladen der Stadt! In dem reich dekorierten Geschäft gibt es außerdem schicke Möbel, Wohnaccessoires und Gartenmobiliar. Die kreative Inhaberin, eine gelernte Innen- und Gartenstylistin, erweckt mit ihren üppigen Blumenkreationen Haus und Garten zum Leben.

248 FILYA INDOOR GARDEN

15 BEEINDRUCKENDE BAUWERKE

5 *außergewöhnliche* BAUWERKE DES 20. JAHRHUNDERTS

251 **NIRWANAFLAT**
Benoorden-houtseweg 227
Haagse Hout ⑥

Das Nirwanaflat galt nach seiner Fertigstellung im Jahr 1929 als das erste Hochhaus der Niederlande. Sein Entwurf basierte auf den Ideen von Het Nieuwe Bouwen (Neues Bauen): Rationalität, Funktionalität und Zweckmäßigkeit. Hier wohnten wohlhabende Heimkehrer aus Niederländisch-Ostindien, die sich den Luxus eines hauseigenen Restaurants und Bedienstete leisten konnten.

252 **PAPAVERHOF**
Segbroek ⑧

Die nüchternen weißen Häuser aus Beton waren für die Mittelschicht gedacht und basieren auf Entwürfen von De Stijl. Zu dieser niederländischen Kunstrichtung, deren Merkmale Abstraktion, geometrische Formen und Primärfarben waren, gehörten Theo van Doesburg, Piet Mondrian und Gerrit Rietveld. Dieser 1921 von Jan Wils mit einem schönen Innenhof entworfene Komplex gilt als wichtiges niederländisches Baudenkmal.

252 **PAPAVERHOF**

253 DALTONCOLLEGE

Aronskelkweg 1
Loosduinen ⑨

Zwischen den beiden Weltkriegen entwickelte Den Haag einen eigenen Architekturstil, die Neue Haager Schule. Mit ihren kubistischen, symmetrischen und horizontalen Bauelementen ähnelt sie der Amsterdamer Schule, ist aber etwas luxuriöser. Beispiele sind in der ganzen Stadt zu finden, wobei das Daltoncollege von J.J. Brandes besondere Erwähnung verdient.

254 TOREN VAN OUD

Catsheuvel 16
Scheveningen – Zorgvliet ③

Der 1969 errichtete dreieckige Toren van Oud gilt als der erste Wolkenkratzer von Den Haag. Zunächst diente er als Hotel des benachbarten Konferenzzentrums, später wurde er in ein Bürogebäude umgewandelt. Nach einer gründlichen Renovierung wurde diesem ikonischen Gebäude nun als Apartmenthaus für Kurzzeitmieter, das ausschließlich »Zimmer mit Aussicht« anbietet, neues Leben eingehaucht.

255 DE HAAGSE BIJENKORF

Wagenstraat 32
Altstadt ①
debijenkorf.nl/den-haag

Im Jahr 1924 ließ das Luxuskaufhaus De Bijenkorf eine Filiale in Den Haag errichten. Der Entwurf stammt von P.L. Kramer, einem Architekten der Amsterdamer Schule. Obwohl das Innere zweimal vollständig renoviert wurde, erstrahlt die Padouk-Holztreppe mit ihren beeindruckenden Glasfenstern immer noch in ihrer alten Pracht.

Die 5 beeindruckendsten Beispiele ZEITGENÖSSISCHER ARCHITEKTUR

256 **RATHAUS**
Spui 70
Uilebomen ②
denhaag.com

Als das leuchtend weiße Rathaus 1995 fertiggestellt wurde, gaben ihm die Haager den Spitznamen »Eispalast«. Die Entwürfe stammen vom amerikanischen Architekten Richard Meier, der für seine minimalistischen weißen Bauten bekannt ist. Im spektakulären hohen Atrium finden häufig Ausstellungen, Konzerte und andere Veranstaltungen statt (Eintritt frei).

257 **STADSKANTOOR LEYWEG & STADTBIBLIOTHEK ESCAMP**
Leyweg 811-813
Escamp ⑨
+31 (0)70 353 80 30
bibliotheekdenhaag.nl

Das 2011 eröffnete ikonische »Zweite Rathaus« von Den Haag sieht aus wie eine riesige im Boden steckende Waffel. Das 75 Meter hohe dreieckige Gebäude des niederländischen Architekten Rudy Uytenhaak im Südwesten Den Haags beherbergt eines der städtischen Bezirksämter und eine öffentliche Bibliothek.

258 **AMARE**

Spuiplein 150
Uilebomen
+31 (0)70 880 03 33
amare.nl

Jo Coenen und Patrick Fransen entwarfen diesen eindrucksvollen Kulturtempel mit Tanztheater, Konzertsaal und Konservatorium. Vier identische Fassaden mit »Stimmgabel«-Reihen gehen in ein kronenartiges Dach über. Sonnenkollektoren, Regenwasseranlage für die Toilettenspülung, Nistkästen und Fledermausquartiere machen das Amare zu einem der nachhaltigsten Gebäude der Stadt.

259 **SKYLINE AM TURFMARKT**

Uilebomen ②

Mittlerweile sind die meisten Haager Ministerien in neue Gebäude am Turfmarkt umgezogen: In den höchsten befinden sich das Bildungsministerium (»The Iron«), das Justiz- und das Innenministerium (»JuBi«). In einem der seltsamsten Wolkenkratzer der Welt (im Volksmund »Haager Titten«) ist das Arbeits- und Gesundheitsministerium untergebracht.

260 **BAHNHOF DEN HAAG HS**

Anna van Buerenplein
Stationsbuurt ②

Wer mit der Metro aus Rotterdam in Den Haag ankommt, steigt in einer Art Raumstation aus: Die hoch über dem Boden schwebende futuristische Station der Metro-Linie E aus Stahl und Glas katapultiert Sie in das nächste Jahrhundert. Das raffinierte Design von Zwarts & Jansma Architects wird wohl noch viele Jahre lang beeindrucken.

260 BAHNHOF DEN HAAG HS

264 LAAN VAN MEERDERVOORT

5 Orte für Liebhaber von JUGENDSTIL und ART DÉCO

261 **HEILIGE ANTONIUS ABTKERK**
Scheveningse-weg 235
Scheveningen – Visserijbuurt ⑤
vriendenvandeabt.nl

Außen unscheinbar, innen eindrucksvoll: Für die reiche Ausstattung der Heilige Antonius Abtkerk zeichnet eine Gruppe von Künstlern verantwortlich, die dem Symbolismus und dem Art déco verbunden war. Herzstück ist das Mosaik von Antoon Molkenboer – das größte der Niederlande –, das die betenden Einwohner von Scheveningen während eines Choleraausbruchs im Jahr 1848 zeigt.

262 **NOORDEINDE**
Hofkwartier ②

Den Haag ist eine Stadt des Jugendstils. Viele Geschäftsleute, die sich um 1900 in der schnell wachsenden Stadt niederließen, gaben prachtvolle Jugendstilfassaden in Auftrag, die noch heute in den Einkaufsstraßen der Innenstadt zu sehen sind, zum Beispiel an der Kettingstraat, der Hoogstraat, der Korte Poten und vor allem an der Noordeinde (besonders die Hausnummern 41–43, 44–46, 164).

263 **HUIS VAN LORRIE**

Smidswater 26
Voorhout ②

Eines der frühesten und am besten erhaltenen Beispiele des niederländischen Jugendstils sind Fassade und Inneneinrichtung des sogenannten Huis van Lorrie. Der Architekt und Bauunternehmer Lorrie ließ dieses Privathaus mit Bürogebäude 1896 errichten. Der Messingbriefkasten ist wahrscheinlich der meistfotografierte Briefkasten der Stadt. In Privatbesitz.

264 **LAAN VAN MEERDERVOORT**

Laan van Meerdervoort 213–237
Scheveningen – Duinoord ③

An der Allee Laan van Meerdervoort stehen 13 Häusern des Architekten Jan Olthuis, die zwischen 1900 und 1901 erbaut wurden. Die Kalksteinfassaden sind mit floralen Motiven verziert. Hier entfaltete sich reinster Jugendstil mit geschwungenen Balkonen, halbrunden Fenstern, Zinnen, Giebeln und einer Fülle von Ornamenten!

265 **HUIS DE ZEEMEEUW**

Wagenaarweg 30
Scheveningen – Westbroekpark ⑤

Die schönste Jugendstilvilla der Niederlande. Sie wurde von dem belgischen Architekten Henry van de Velde als Gesamtkunstwerk konzipiert. Das asymmetrische Äußere umschließt die zentrale Treppe sowie den Eingangsbereich mit einer großen Sgraffito-Wanddekoration von Johan Thorn Prikker. In Privatbesitz.

11
10

75 ORTE, WO SIE DEN HAAG ENTDECKEN

5
KÖNIGLICHE PALÄSTE

266 **PALAST KNEUTERDIJK**
Kneuterdijk 20
Voorhout ②
+31 (0)70 426 44 26
raadvanstate.nl
denhaag.com

Geschichtsträchtiger Palast aus dem frühen 18. Jahrhundert: Wilhelm II. und Anna Paulowna wohnten 1848 hier, die Verfassung wurde hier unterzeichnet und nach dem Zweiten Weltkrieg machte man hier niederländischen Kriegsverbrechern den Prozess. Heute Sitz des Staatsrates. Im Gotischen Saal gibt es Gratiskonzerte.

266 PALAST KNEUTERDIJK

267 KÖNIGLICHE STALLUNGEN

Hogewal 17
Hofkwartier ②
koninklijkhuis.nl

Die Kutschen und Pferde der königlichen Familie, die auch heute noch bei besonderen Anlässen zum Einsatz kommen, sind in diesem Stall aus dem 19. Jahrhundert untergebracht. Die Kutschen – darunter die Goldene und die Gläserne Kutsche – können im Sommer drei Wochen lang besichtigt werden.

268 SCHLOSS HUIS TEN BOSCH

's-Gravenhaagse Bos 10
Haagse Hout ⑥

In diesem im Haagse Bos gelegenen Schloss wohnen König Willem-Alexander, Königin Máxima und ihre Töchter. 1645 als Sommerresidenz des Stadholder Frederik Hendrik errichtet und seither von verschiedenen Mitgliedern der königlichen Familie bewohnt.

269 NOORDEINDE-PALAST

Noordeinde 68
Hofkwartier ②
koninklijkhuis.nl

Residenz des Hauses Oranien, seit die Witwe Prinz Wilhelms von Oranien 1566 hier einzog. Seitdem wurden umfangreiche bauliche Veränderungen vorgenommen. Noordeinde ist seit 1984 Arbeitspalast der niederländischen Monarchen und kann deshalb nur während drei Wochen im Sommer besichtigt werden.

270 KLOOSTERKERK

Lange Voorhout 4
Voorhout ②
+31 (0)70 346 15 76
kloosterkerk.nl

Die Kloosterkerk lässt sich ins späte Mittelalter zurückverfolgen. Im 16. Jahrhundert wurde die katholische Kirche protestantisch. Seit Prinz Moritz von Oranien zur Gemeinde gehörte, besteht eine Verbundenheit zwischen der Kirche und dem Königshaus.

Die 5 tollsten
AUSSICHTEN

271 **VOGELWIJK**
WESTDUINPARK
Cort van der Lindenpad
Segbroek ⑤
denhaag.com/de/westduinpark

Vogelwijk ist die höchste Erhebung im Westduinpark, einem breiten Dünenstreifen am südlichen Stadtrand. Von hier aus hat man einen beeindruckenden Blick auf das Naturschutzgebiet und die Küste mit ihrem 11 Kilometer langen Sandstrand.

272 **DE PIER**
Strandweg 152
Scheveningen - Strand ⑤
+31 (0)6 10 38 68 59
pier.nl

Auf diesem architektonisch einzigartigen, 1961 erbauten Pier können Sie den täglich geöffneten Leuchtturm besteigen. Für alle, denen die Aussicht noch nicht aufregend genug ist, gibt es Bungeesprünge und eine Zipline vom Turm. Alternativ können Sie auch mit dem 2016 errichteten Riesenrad fahren.

273 **VUURTOREN**
Zeekant 12
Scheveningen - Strand ⑤
+31 (0)70 350 08 30
muzeescheveningen.nl

1875 ersetzte der Leuchtturm von Scheveningen die Feuer, die die Fischersfrauen am Strand entzündeten, damit ihre Männer sicher nach Hause fanden. Der gusseiserne Turm ist fast 55 Meter hoch - sein Licht war über 50 Kilometer weit zu sehen. Zwei Mal pro Woche Führungen.

274 **DER KIRCHTURM DER GROTE KERK**

Rond de Grote Kerk 12
Altstadt ①
+31 (0)70 747 01 02
gadenhaag.nl
dehaagsetoren.nl

Was haben Vincent van Gogh und Napoleon gemeinsam? Beide bezwangen die 288 Stufen dieses sechs Jahrhunderte alten Kirchturms, um die spektakuläre Aussicht zu genießen. Zu Recht: Von hier aus kann man die Altstadt, die neue Skyline und die Küste betrachten und an klaren Tagen sogar bis Leiden und Rotterdam sehen.

275 **THE HARBOUR CLUB**

Binckhorstlaan 36
Laak ⑦
+31 (0)70 891 32 24
theharbourclub.com

Bewundern Sie die atemberaubende Skyline des urbanen Den Haag von der Terrasse im 5. Stock dieses Restaurants im ehemaligen Industriegebiet Binckhorst, das gleichzeitig als Club fungiert. Speisen mit japanischem Touch und ungewöhnliche Einrichtung.

274 DER KIRCHTURM DER GROTE KERK

5 *Wohnhäuser* BERÜHMTER NIEDERLÄNDER

276 **LOUIS COUPERUS**
Surinamestraat 20
Archipel ④

Couperus war Chronist der Haager Oberschicht zur Jahrhundertwende und schrieb psychologische und historische Romane. *Eline Vere* (die niederländische *Madame Bovary*) entstand im Haus seines Vaters in der Surinamestraat, das sich in Privatbesitz befindet. Mehr über den Autor erfährt man im Louis-Couperus-Museum in der Javastraat 17.

277 **DOMUS SPINOZANA**
Paviljoens-
gracht 72–74
Chinatown ①
+31 (0)6 10 01 12 15
spinozahuis.nl

Baruch Spinoza war der führende Philosoph des sogenannten Goldenen Zeitalters der Niederlande. Er schrieb sein Hauptwerk, die *Ethik*, auf dem Dachboden dieses Hauses, in dem er von 1670 bis zu seinem Tod 1677 lebte. Leider werden keine öffentlichen Führungen angeboten, die Bibliothek mit vielen Werken von und über Spinoza ist montags von 14 bis 16 Uhr geöffnet.

278 **JAN-VAN-GOYEN-HAUS**
Dunne Bierkade 16
Chinatown ①
+31 (0)70 322 04 87
buitenmuseum.com

In der Dunne Bierkade wohnten und arbeiteten gleich drei berühmte Künstler des 17. Jahrhunderts: der Landschaftsmaler Jan van Goyen, sein Schwiegersohn, der auf Interieurs und Genrebilder spezialisierte Jan Steen, und ihr Nachbar, der für Tierdarstellungen berühmte Paulus Potter. Das Buitenmuseum arrangiert Gruppenführungen.

279 **CATSHUIS**
Adriaan Goekoop-laan 10
Scheveningen – Zorgvliet ③

1652 bezog der Dichter und Politiker Jacob Cats diese Residenz im Sorghvliet-Park. Später war sie im Besitz des Adels und sogar der Königsfamilie, heute ist sie offizieller Wohnsitz des niederländischen Ministerpräsidenten und wird für Kabinettstreffen und den Empfang von Staatsgästen genutzt. Alle anderen können es leider nur aus der Ferne betrachten.

280 **HUYGENS' HOFWIJCK**
Westeinde 2a
Voorburg ⑦
+31 (0)70 387 23 11
hofwijck.nl

Hier lebten zwei berühmte Männer des 17. Jahrhunderts: Constantijn Huygens (Dichter, Schriftsteller, Komponist, Politiker, Diplomat) baute das Anwesen als Sommerresidenz, später wohnte dort sein Sohn Christiaan (Astronom, Physiker, Mathematiker, Erfinder). Heute beherbergt es ein charmantes Museum mit Werken der beiden Männer, Christiaans Erfindungen, Gemälden und einem bezaubernden Garten.

5 Orte des FRIEDENS UND DER GERECHTIGKEIT

281 **FRIEDENSPALAST**
Carnegieplein 2
Scheveningen – Zorgvliet ④
+31 (0)70 302 42 42
vredespaleis.nl

Der Friedenspalast wurde nach den Haager Friedenskonferenzen mit Spenden des Stahlbarons Andrew Carnegie erbaut, um den Ständigen Schiedshof zu beherbergen. Heute ist er auch Sitz des Internationalen Gerichtshofs. Eine Führung durch die prächtigen Räume ist ein Muss, und im Sommer sollte man auch den historischen Garten nicht verpassen.

282 **INTERNATIONALER STRAFGERICHTSHOF**
Oude Waalsdorperweg 10
Scheveningen – Oostduinen ⑤
+31 (0)70 515 85 15
icc-cpi.int

Seit 2002 sorgt der Internationale Strafgerichtshof dafür, dass Kriegsverbrecher für ihre Taten vor Gericht gestellt und die Stimmen ihrer Opfer gehört werden. Viele Verhandlungen sind öffentlich, außerdem kann man eine Ausstellung, einen Garten und ein Café besuchen.

283 **EUROPOL**
Eisenhowerlaan 73
Scheveningen – Zorgvliet ③
+31 (0)70 302 50 00
europol.europa.eu

Diese EU-Institution dient der Zusammenarbeit der Polizeibehörden der einzelnen Länder im Kampf gegen Terrorismus, Cyberkriminalität und andere internationale Kapitalverbrechen. Gegenüber befindet sich auch Eurojust, die gemeinsame Behörde der Staatsanwälte und Richter. Führungen für kleinere Gruppen auf Anfrage.

284 **INTERNATIONALER RESIDUAL-MECHANISMUS FÜR AD-HOC-STRAFGERICHTSHÖFE**
Churchillplein 1
Scheveningen – Zorgvliet ③
+31 (0)70 512 58 75
irmct.org

Dieser internationale Gerichtshof ist in den Räumlichkeiten des inzwischen geschlossenen Jugoslawien-Tribunals untergebracht. Er verhandelt Fälle der Ad-hoc-Strafgerichtshöfe für Jugoslawien und Ruanda, die geschaffen wurden, um die Verantwortlichen der Gräueltaten der Kriege in Jugoslawien und Ruanda zur Rechenschaft zu ziehen. Öffentliche Anhörungen, geplante Verhandlungstermine finden Sie auf der Website.

285 **OPCW**
Johan de Wittlaan 32
Scheveningen – Zorgvliet ③
+31 (0)70 416 33 00
opcw.org

Dieses zylinderförmige Gebäude ist das Hauptquartier dieser 2013 mit dem Friedensnobelpreis ausgezeichneten Organisation für das Verbot chemischer Waffen. Regelmäßig Vorträge von Mitarbeitern, außerdem ist der Nobelpreis zu besichtigen.

5 malerische STADTPARKS

286 ZUIDERPARK
Escamp ⑨

Schlendern oder skaten sie durch diesen Haager »Volkspark« oder machen Sie es wie die Einheimischen und werfen Sie den Grill an. Im Park gibt es ein großes Hallenbad, eine Miniaturdampfeisenbahn und ein Freilufttheater und trotzdem noch mehr als genug Natur: im Arboretum sogar 700 Baumarten aus aller Welt.

287 WESTBROEKPARK
Scheveningen – Westbroekpark ⑤

Auf den riesigen Rasenflächen kann man picknicken, grillen oder Fußball spielen. Im Spätsommer und Frühherbst sind im Rosengarten zehntausende Blüten zu bestaunen. Tretbootverleih im Café Waterkant. Viele Open-Air-Veranstaltungen wie das Theaterfestival De Parade oder das Foodtruck-Festival TREK.

288 SCHEVENINGSE BOSJES

Scheveningen - Scheveningse Bosjes ③⑤

Dieser Dünenwald wurde im Mittelalter gepflanzt, um die Versandung der Stadt aufzuhalten. Während des Zweiten Weltkriegs wäre der Park beinahe von der Not leidenden Bevölkerung abgeholzt worden, dank Aufforstungsmaßnahmen blieb er jedoch bestehen. Ideal zum Spazieren, Joggen, Reiten und für einen Ausflug mit den Kindern.

289 PARK CLINGENDAEL

Haagse Hout ⑥

Ursprünglich Herrenhaus der Adelsfamilie Clingendael mit Parkanlage im Stil der englischen Landschaftsgärten. Während der Besetzung durch die Nazis wohnte hier Arthur Seyß-Inquart, der Reichskommissar für die Niederlande, und ließ einen als Bauernhof getarnten Bunker errichten.

287 WESTBROEKPARK

290 PALEISTUIN

Prinsessewal
Hofkwartier ②

Näher als in diesem öffentlichen Park zwischen Noordeinde-Palast und Königlichen Stallungen werden Sie der Königsfamilie nicht kommen. Der Park wurde um 1600 gegründet und seitdem wechselnden Moden angepasst. Heute gibt es hier moderne Kunst und einen Spielplatz, Rasenflächen, Picknicktische und königliche Erholung.

5 *wunderschöne*
»GEHEIME« GÄRTEN

291 **DE KORNOELJE**
Kornoeljestraat 117
Segbroek ⑧
+31 (0)70 353 29 96

Frischen Blumen kann niemand widerstehen. In diesem prächtigen Gemeinschaftsgarten im Ortsteil Vruchtenbuurt kann man im Sommer einfach drauflos pflücken – 20 Blumen kosten einen Euro. Die ehrenamtlichen Mitarbeiter sind gerne behilflich, nur eine Schere müssen Sie selbst mitbringen.

292 **EMMA'S HOF**
Galileïstraat 36
Segbroek ⑧
emmashof.nl

Eine Mosaikbank à la Gaudí, ein Bächlein, sanfte Hügel und ein weißes Teehäuschen: Dieser von den Anwohnern angelegte Garten im Herzen Regentessewijks ist die grüne Oase der Nachbarschaft und einer der schönsten Parks der Stadt. Perfekt, um in Ruhe zu lesen oder mit Freunden ein Glas Wein zu trinken.

293 NUTSTUIN

Riviervismarkt 5
Altstadt ①
+31 (0)70 345 90 90
nutshuis.nl

Dieser Bio-Garten in der Innenstadt ist ideal, um der Großstadthektik zu entfliehen – ein Teich, Obstbäume, ein Gewächshaus und die entzückende Terrasse des Café Juni laden zum Entspannen ein. Im August Open-Air-Kino mit großer Leinwand.

294 JAPANISCHER GARTEN

PARK CLINGENDAEL
Wassenaarseweg
Haagse Hout ⑥
denhaag.nl

Der älteste japanische Garten Hollands ist nur im Frühling und Herbst geöffnet. Die elegante Anlage im Park Clingendael wurde 2001 zum Nationaldenkmal erklärt und geht auf Baroness von Brienen (1871–1939) zurück, die auch auf dem Anwesen wohnte und von ihren Japanreisen Pflanzen, Laternen, Skulpturen und sogar eine kleine Brücke mitbrachte.

295 GARTEN HINTER DEM KUNSTMUSEUM

Stadhouderslaan 41
Scheveningen – Zorgvliet ③
+31 (0)70 338 11 11
kunstmuseum.nl

Auf der Rückseite des beeindruckenden, von Berlage erbauten Kunstmuseums (bis 2019 Gemeentemuseum) befindet sich ein großer, symmetrisch angelegter Garten mit mehreren Skulpturen. Eine Pergola führt zur Brasserie Berlage. Dieses kleine Gebäude war ursprünglich als Pausenraum für das Museumspersonal gedacht – in den Dreißigerjahren ein völlig neuartiges Konzept.

5 LAUSCHIGE PARKS
abseits der ausgetretenen Pfade

296 **SINT HUBERTUSPARK**
Plesmanweg
Scheveningen – Duttendel ⑤

Dieser Anfang der Dreißigerjahre eröffnete Park liegt versteckt hinter verkehrsreichen Durchfahrtsstraßen, einer Überführung und einer Kaserne. Der mit dem »Blut, Schweiß und den Tränen« der damals Arbeitslosen errichtete sogenannte Bloedberg (»Bluthügel«) bietet eine überraschende Aussicht.

297 **PARK SORGHVLIET**
Scheveningseweg 24a
Scheveningen – Zorgvliet ③
+31 (0)6 18 30 45 53
rijksvastgoedbedrijf.nl/parksorghvliet

Hier kommt nicht jeder rein! Wer zu den wenigen Glücklichen gehören will, die die Ruhe und den Frieden dieses 1643 vom Dichter und Politiker Jacob Cats angelegten Stadtgartens genießen dürfen, muss sich bei der Touristeninformation eine Jahreskarte besorgen. Französische und englische Gartenanlagen, außerdem Füchse, Eulen, viele Vogelarten und Bienen.

298 BURGEMEESTER DE MONCHYPLEIN

Archipel ④

Öffentlicher Park mit großem Teich, Wasserfall, Grünflächen und Bäumen. Nach dem Krieg stand hier das Rathaus, es fanden Feste, Demonstrationen und Paraden statt. Heute ist das Areal von einer Wohnanlage des postmodernen Architekten Ricardo Bofill umgeben. Der Kontrast zu den historischen Straßenfassaden im Umkreis könnte nicht größer sein.

299 SUNNY COURT

Laan van Meerdervoort 189b Scheveningen – Duinoord ③

Ein kleines Tor in einem halbrunden Häuserblock führt in diesen bei jungen Familien beliebten Park. Kinder klettern auf den Holzgerüsten des Spielplatzes, die Eltern tauschen den neuesten Nachbarschaftsklatsch aus. Hin und wieder gibt es hier auch kleinere Musikfestivals und Straßenfeste.

300 ARENDSDORP & PARK OOSTDUIN

Wassenaarseweg Haagse Hout ⑥

Arendsdorp ist nach dem Adeligen Arend van Dorp benannt, der das Gelände samt Bauernhof 1586 kaufte. Später kamen ein Gärtnerhaus, ein Teepavillon, ein Fischteich und 1845 der angrenzende Park Oostduin hinzu. Heute ist alles frei zugänglich. Für die Kinder gibt es einen Spielplatz und man kann auch picknicken.

5 ERINNERUNGSORTE
des Zweiten Weltkriegs

301 **RABBIJN MAARSENPLEIN**
Chinatown ①

Dieser Platz wurde nach dem Oberrabbiner Den Haags benannt, der im KZ ermordet wurde. Er befindet sich im ehemals jüdischen Viertel, aus dem 1943 alle überlebenden Juden deportiert wurden, die meisten in Konzentrationslager. Ein Mahnmal erinnert daran, dass darunter auch 2000 Kinder waren.

302 **WAALSDORPER-VLAKTE**
MEIJENDEL PARK
Wassenaar – Nördliches Umland ⑥

Mitten in den Dünen des Naturparks Meijendel, der im Norden an Scheveningen grenzt, wurden 250 Mitglieder des niederländischen Widerstands hingerichtet. Zur Erinnerung daran wurden hier vier Bronzekreuze und eine große Glocke aufgestellt, und jedes Jahr am Volkstrauertag (4. Mai) findet ein Schweigemarsch zu ihrem Gedenken statt. Ganzjährig geöffnet.

303 NATIONAAL MONUMENT ORANJEHOTEL

Van Alkemadelaan 1258
Scheveningen – Belgisch Park ⑤
+31 (0)70 222 80 70
oranjehotel.org

Hier hielten die deutschen Besatzer über 25 000 angebliche Mitglieder der niederländischen Widerstandsbewegung, darunter Politiker, Geheimagenten und Intellektuelle, auf engsten Raum fest und verhörten sie – daher der Name »Oranjehotel«. »Todeszelle 601« ist erhalten geblieben und kann im Rahmen eines Besuchs der Erinnerungsstätte besichtigt werden.

304 INDISCH MONUMENT

SCHEVENINGSE BOSJES
Scheveningen – Scheveningse Bosjes ⑤
+31 (0)70 200 25 05
15augustus1945.nl

In Niederländisch-Ostindien endete der Zweite Weltkrieg erst mit der Kapitulation Japans. Während der japanischen Besatzung starben 17 000 Zivilisten und 8500 Kriegsgefangene in Lagern oder beim Eisenbahnbau. Erst 1988 gedachten die Niederlande der Opfer mit diesem Denkmal.

305 **VILLA WINDEKIND**

Nieuwe Parklaan 76
Scheveningen – Westbroekpark ⑤

Von François van't Sant, einem Vertrauten Königin Wilhelminas, in den Zwanzigerjahren in Auftrag gegebene Privatresidenz. 1942 wurde die Villa konfisziert und zum Hauptquartier der deutschen Sicherheitspolizei. Hier wurde die Deportation der Juden geplant. In den unteren Geschossen befanden sich regelrechte Folterkammern.

302 WAALSDORPERVLAKTE

5 sehenswerte
INNENHÖFE

306 **HEILIGE GEESTHOFJE**
Paviljoensgracht 125
Altstadt ①
hetheiligegeesthofje.nl

Der älteste *hofje* (Wohnanlage für Bedürftige und ältere Menschen) Den Haags besteht seit über 400 Jahren und kann am Tag des offenen Denkmals besichtigt werden. Sie können die Architektur des frühen 17. Jahrhunderts und Hollands ältesten, 1647 gepflanzten Birnbaum aber auch bewundern, wenn Sie in der dortigen Pension übernachten.

307 **RUSTHOF**
Parkstraat 41-61
Voorhout ②
+31 (0)70 360 51 63
hofjerusthof.nl

Durch eine unauffällige grüne Tür an einer belebten Straße betritt man diese Oase der Ruhe. Im Schatten der katholischen Kirche nebenan wohnen hier seit 1841 alleinstehende protestantische Frauen in bescheidenen Quartieren. Täglich von 10 bis 17 Uhr geöffnet, aber bitte respektieren Sie die Privatsphäre der Bewohnerinnen.

308 **'T HOOFTSHOFJE**
Assendelftstraat 85
Altstadt ①
hooftshofje.nl

Die wohlhabende Angenis Hooft verfügte testamentarisch den Bau dieser Unterkunft für 16 alleinstehende, geläuterte Frauen. Ihr Vermögen war so groß, dass die Frauen hier von 1757 bis 1952 kostenlos wohnen konnten. Führungen über Gilde Den Haag.

309 **HOF VAN WOUW**
Lange Beestenmarkt 49–85
Altstadt ①
hofvanwouw.nl

Die 1647 von Cornelia van Wouw festgelegten Aufnahmebedingungen für diesen *hofje* gelten unverändert noch heute: Nur alleinstehende Frauen über 50 dürfen hier wohnen. Und auch sonst hat sich seit dem 17. Jahrhundert nicht viel geändert. Jährlich mehrere Tage der offenen Tür.

310 **HOFJE VAN NIEUWKOOP**
Warmoezierstraat 44–206
Altstadt ①
hofjevannieuwkoop.nl

Dieser Komplex aus 62 kleinen, um einen großen begrünten Innenhof gruppierten Häuschen mit roten Fensterläden wirkt von außen wie eine Festung, für die Bewohner ist er jedoch ein »Dorf in der Stadt« – nicht zuletzt, weil die Regeln hier weniger streng als in den anderen *hofjes* sind. Am Tag des offenen Denkmals zu besichtigen.

306 HEILIGE GEESTHOFJE

311 WERFSTRAAT

5
RUHIGE STRASSEN

311 **WERFSTRAAT, ZEILSTRAAT, ANKERSTRAAT**
Scheveningen – Strand ⑤

Diese malerischen Gässchen lassen erahnen, wie das Fischerdorf Scheveningen Ende des 19. Jahrhunderts ausgesehen hat. Die winzigen Häuschen wurden für die vielen in der Fischereiindustrie Beschäftigten des rasant wachsenden Städtchens gebaut.

312 **SPINOZASTRAATJE**
Chinatown ①

Zwischen der Dunne Bierkade Nr. 26 und 29 führt ein kleines Tor zu einem charmanten, Spinozastraaje genannten Privatweg. Angeblich schlich Johan de Witt, der um 1670 Holland regierte, durch diese Gasse, wenn er den Rat des nebenan wohnenden jüdischen Philosophen Spinoza suchte.

313 VAN OSTADESTRAAT, HANNEMANSTRAAT, JACOB CATSSTRAAT

Schilderswijk ⑨

Diese drei ruhigen Straßen mitten in Schilderswijk sind Den Haags bestgehütetes Geheimnis. Die sogenannten Van Ostadewoningen wurden um 1890 von wohlhabenden Juden für arme jüdische Arbeiter gebaut. Aufgrund der großen Entfernung zur Synagoge waren auch Bedürftige anderer Glaubensrichtungen willkommen, und so ist es bis heute.

314 MALLEMOLEN, SCHUDDEGEEST

Archipel ④

In einigen Häusern dieser entzückenden Gässchen waren zu Napoleons Zeiten Soldaten untergebracht, andere gelten als Beispiel des frühesten sozialen Wohnungsbaus für Arbeiter. Mallemolen war zwischen 1945 und 1972 bei vielen Künstlern beliebt, sodass das Viertel bald als »kleines Montmartre« bekannt wurde.

315 VAN STOLKWEG, PARKWEG, HOGEWEG

Scheveningen – Scheveningse Bosjes ⑤

Bei einem Spaziergang durch dieses ruhige Viertel hinter dem Scheveningseweg kann man viele pompöse Villen bestaunen, die um 1900 in dem damals abgelegenen Dünenwald errichtet wurden. Heute zählen sie zu den nationalen Kulturdenkmälern.
Als sich die Verkehrsanbindung mit Aufkommen der Pferdebahn verbesserte, ließ der Anwalt van Stolk von Jan David und Louis Paul Zocher einen Villenpark anlegen (den Van Stolkpark).

5 *ganz besondere*
KIRCHEN UND KAPELLEN

316 **RUSSISCH-ORTHODOXE KAPELLE**
Obrechtstraat 9
Scheveningen – Duinoord ③
+31 (0)6 41 52 54 42
ruskerkdenhaag.wordpress.com

Vor ihrem Tod im Jahre 1865 verfügte Anna Paulowna, die Witwe König Wilhelms II., dass die sakralen Gegenstände aus ihrer Mitgift in Holland verbleiben durften, solange sie bei russisch-orthodoxen Gottesdiensten verwendet wurden. Fünfzig Jahre später wurden sie in dieser kleinen Kapelle ausgestellt, wo man sie heute während der Wochenendgottesdienste besichtigen kann.

317 **ALTKATHOLISCHE SCHLUPFKIRCHE**
Juffrouw Idastraat 7
Hofkwartier ②
denhaag.okkn.nl

Im 16. Jahrhundert durfte der Katholizismus nur im Verborgenen praktiziert werden. Als ein Jahrhundert später der Bau katholischer Kirchen wieder erlaubt wurde, sofern diese von der Straße aus nicht zu erkennen waren, entstanden sogenannte *schuilkerken* (Schlupfkirchen) wie dieses den Heiligen Jakobus und Augustinus geweihte Gotteshaus. Führungen samstags um 14.30 Uhr. Der Eingang befindet sich in der Molenstraat 44.

318 **WILLIBRORDUS-HAUS**

Oude Molstraat 35
Hofkwartier ②
+31 (0)70 365 43 85
monasticstore.nl

Als die Katholiken 1581 aus der Grote Kerk vertrieben wurden, versammelten sie sich im Geheimen in der Oude Molstraat. Später entstand hier ein Kloster, das heute der Gemeinschaft vom hl. Johannes gehört. Durch den Klosterladen – in dem es das hausgebraute Haagsche-Broeder-Bier gibt – erreicht man eine 1928 hinzugefügte Kapelle mit schönen Glasfenstern.

319 **MARANATHAKERK**

2e Sweelinck-straat 156
Scheveningen – Duinoord ③
+31 (0)70 345 91 19
maranatha kerkdenhaag.nl

Nach dem Zweiten Weltkrieg entwickelte der Architekt Otto Bartning sogenannte Notkirchen aus Fertigbauteilen. Die Maranathakerk wurde von einer protestantischen Schweizer Hilfsorganisation gespendet und an der Stelle errichtet, an der die deutschen Besatzer Wohnhäuser abgerissen hatten, um Platz für den Atlantikwall zu machen. Diese Behelfslösung ist heute ein bedeutendes Denkmal.

320 **ABDIJKERK / ABTEIKIRCHE**

Willem III straat 40
Loosduinen ⑨
+31 (0)70 397 41 82
abdijkerk.nl

Die Umgebung lässt nicht unbedingt darauf schließen, dass es sich hier um das älteste noch bestehende Gebäude Den Haags handelt. Es wurde 1250 errichtet, brannte gegen Ende des 16. Jahrhunderts bis auf den Turm völlig ab und wurde mit den alten Mauersteinen neu aufgebaut. Im Sommer sonntagnachmittags geöffnet, Orgelkonzerte.

5 *historische*
FRIEDHÖFE

321 **JÜDISCHER FRIEDHOF**
Scheveningseweg
Scheveningen – Scheveningse Bosjes ④
joodsebegraafplaats.nl

Zwischen 1694 und 1908 wurden auf dem weitläufigen Friedhof gegenüber des Friedenspalastes etwa 10 000 aschkenasische und sephardische Juden bestattet. Ihre Ruhe wurde im Zweiten Weltkrieg gestört, als die Deutschen Gräben aushoben und die Briten versehentlich eine Bombe auf den Friedhof warfen. Führungen nach Anfrage auf der Website.

322 **OUD EIK EN DUINEN**
Laan van Eik en Duinen
Segbroek ⑧
+31 (0)70 447 00 00
monuta.nl/vestiging/begraafplaats-oudeikenduinen

Hier fanden wichtige und bekannte Persönlichkeiten aus der Geschichte Den Haags ihre letzte Ruhe: Adlige, Politiker, Maler und Schriftsteller. Der 1247 für ein kleines Dorf vor den Toren der Stadt gegründete Friedhof ist im Laufe der Jahre immer weiter gewachsen und liegt heute mitten im Wohngebiet.

324 ST. PETRUS BANDEN

323 **TER NAVOLGING**
Prins Willem-
straat 43
Scheveningen -
Altstadt ⑤
ternavolging.nl

Dieser Friedhof ist ein echter Geheimtipp! Aus hygienischen Gründen brach man Ende des 18. Jahrhunderts mit der Tradition, die Toten in oder in der Nähe der Kirchen zu begraben und legte diesen - einer Kirche ohne Dach nicht unähnlichen - Friedhof in den Dünen außerhalb der Stadt an. Eine Oase der Ruhe im hektischen Scheveningen.

324 **ST. PETRUS BANDEN**
Kerkhoflaan 10
Archipel ④
+31 (0)70 350 37 18
begraafplaats stpetrusbanden.nl

Dieser byzantinisch beeinflusste Friedhof mit klassizistischer Kapelle, neuromanischen Arkaden und einem kreuzförmigen Grundriss zählt zu den schönsten überhaupt. Im Sommer fühlt man sich hier wie in Italien. Seit 1830 Ruhestätte vieler bekannter Haager Katholiken.

325 **ALGEMENE BEGRAAFPLAATS KERKHOFLAAN**
Kerkhoflaan 12
Archipel ④
+31 (0)70 350 40 36

Als die Angst vor dem Scheintod Anfang des 20. Jahrhunderts ihren Höhepunkt erreichte, installierte man in den Leichenhallen komplizierte Alarmvorrichtungen in Reichweite der Toten. Eine solche kann hier noch besichtigt werden, außerdem Denkmäler für die Gefallenen der Schlacht um Den Haag von 1940 sowie für die Opfer des fehlgeleiteten Bombenangriffs auf Bezuidenhout von 1945.

5 bemerkenswerte STATUEN

326 **VISSERSMONUMENT – DE SCHEVENINGSE VROUW**
Kalhuisplaats
Scheveningen – Strand ⑤

Jahrhundertelang lebte Scheveningen von der Fischerei. Diese 1982 von Gerard Bakker geschaffene Statue zeigt eine Fischersfrau, die nach einem schweren Sturm auf das Meer hinausblickt und auf die Rückkehr ihres Liebsten hofft.

327 **WILHELMINA**
Paleisstraat 1a
Hofkwartier ②

Mit dieser 1987 gegenüber dem Noordeinde-Palast aufgestellten Statue porträtierte Charlotte van Pallandt Königin Wilhelmina als unbeugsame Mutter des Widerstands gegen die nationalsozialistische Besatzung. Wilhelmina regierte 50 Jahre lang. Die Worte »Einsam, aber nicht allein« an der Wand hinter der Statue sind der Titel ihrer Autobiografie.

328 **ELINE VERE**
Groot Hertoginnelaan
Scheveningen – Zorgvliet ③

Eline Vere, eine junge Dame aus der Oberschicht, die einen frühen Tod findet, ist die berühmte Protagonistin des gleichnamigen naturalistischen Romans von Louis Couperus. Theo van der Nahmer machte sie 1948 mit dieser Statue unsterblich.

329 HAAGS JANTJE

Lange Vijverberg
Voorhout ②

Ein bekannter niederländischer Kinderreim handelt vom kleinen Jan, dem Sohn Graf Floris V., der mehrere Hinweise darauf gibt, wo sein Vater wohnt (Lösung: im Binnenhof). In diese Richtung deutet auch die Statue von Ivo Coljé am Hofvijver.

330 LOUIS COUPERUS

Lange Voorhout
Archipel ④

Die Lange Voorhout, auf der dieser berühmte Schriftsteller, Dandy und Chronist des Fin de Siècle zu flanieren pflegte, ist der ideale Platz für die 1998 aufgestellte Bronzestatue von Kees Verkade. Louis Couperus war ein Kosmopolit, kehrte aber immer wie-der in die Stadt zurück, die er so (zu hassen) liebte.

326 VISSERSMONUMENT – DE SCHEVENINGSE VROUW

Die 5 schönsten
KANÄLE

331 **AFVOERKANAAL**
Entlang der Suezkade Scheveningen – Duinoord ③

Da in den Kanälen Den Haags kaum Strömung herrscht, waren sie lange Zeit Brutstätten für Infektionskrankheiten. Abhilfe schuf dieser 1888 angelegte Entwässerungskanal. Für die Bebauung entlang der Wasserstraße waren viele verschiedene Architekten zuständig, sodass eine verspielte – und heute denkmalgeschützte – Stadtlandschaft entstand.

332 **SMIDSWATER / NIEUWE UITLEG**
Voorhout ②

An diesem Kanal, der im 17. Jahrhundert als Teil der Stadtbefestigung ausgehoben wurde, siedelten sich hauptsächlich Schmiede an. Als sich die Stadt im 18. Jahrhundert weiter ausdehnte, entstand auf der anderen Seite ein Villenviertel, das auch heute noch zu den besten Adressen der Stadt zählt.

333 **(DUNNE) BIERKADE**
Chinatown ①

Über diesen Kanal wurden im 17. Jahrhundert Bier und Dünnbier (das man zum Frühstück trank) in die Stadt geschafft. Viele Kneipen, Restaurants und (Boots-)Terrassen.

334 **HARINGKADE**
Scheveningen - Westbroekpark ⑤

Der lauschige Haringkade war Teil eines Kanals, der von 1825 bis 1862 angelegt wurde, um das Stadtzentrum mit der Nordsee zu verbinden und Den Haag zu einer Hafenstadt zu machen. Dieser Plan wurde bald aufgegeben und der Kanal zum Transport frischer Heringe genutzt.

335 **TOUSSAINTKADE**
Zeeheldenkwartier ④

Im 17. Jahrhundert war dieser Kanal Teil des Befestigungssystems der Stadt. In den Wohnhäusern aus dem 18. Jahrhundert befinden sich heute mehrere namhafte Kunstgalerien.

331 AFVOERKANAAL

5 beeindruckende
BIBLIOTHEKEN UND ARCHIVE

336 **HANDELINGENKAMER**
Lange Poten 4
Voorhout ②
+31 (0)70 318 22 11
tweedekamer.nl

Das ehemalige Justizministerium gehört heute zum Parlament und beherbergt eine außergewöhnliche Bibliothek. Hier werden die Protokolle der Abgeordnetensitzungen aus zwei Jahrhunderten aufbewahrt. Der neun Meter hohe Raum mit Glasdach, gusseiserner Wendeltreppe und vielen chinesischen Einflüssen ist nur selten der Öffentlichkeit zugänglich, doch das Warten lohnt sich.

337 **BIBLIOTHEK IM FRIEDENSPALAST**
Carnegieplein 2
Scheveningen – Zorgvliet ④
+31 (0)70 302 42 42
peacepalacelibrary.nl

Die seit 1913 bestehende Bibliothek des Friedenspalastes zählt zu den weltweit größten Fachbibliotheken für internationales Recht. Sie verfügt außerdem über eine eindrucksvolle Sammlung der Werke von Hugo Grotius, einem der Begründer des Völkerrechts. Die Bibliothek steht allen »Studieninteressierten« offen.

338 BIBLIOTHEK DES MUSEUM VOORLINDEN

Buurtweg 90
Wassenaar – Nördliches Umland ⑥
+31 (0)70 512 16 60
voorlinden.nl

In dieser Museumsbibliothek findet man nicht nur Bücher über, sondern auch von Künstlern. Die mehr als 40 000 Bände sind in wandhohen, beleuchteten Regalen untergebracht, zwischen ihnen sind von Künstlern aller möglichen Zeiten und Stile entworfene Bücher in Vitrinen ausgestellt.

339 NATIONAAL ARCHIEF

Prins Willem-Alexanderhof 20
Stationsbuurt ②
+31 (0)70 331 54 00
nationaalarchief.nl

Mit 137 Kilometer Akten, 15 Millionen Fotos und beinahe 300 000 historischen Karten und Zeichnungen ist dieses Nationalarchiv so etwas wie das Gedächtnis Hollands. Neben den regelmäßig aus dem Archivmaterial zusammengestellten Ausstellungen gibt es auch Führungen und sogar die Möglichkeit, dort einen Kindergeburtstag zu organisieren.

340 MEERMANNO MINIATUR-BIBLIOTHEK

MUSEUM MEERMANNO
Prinsessegracht 30
Voorhout ②
+31 (0)70 346 27 00
meermanno.nl

Lupe nicht vergessen! Keines der 1515 in der von Guss und Luce Thurkow in der Bibliotheca Thurkowiana Minor zusammengestellten Bücher ist größer als 10 Zentimeter. Die Bibliothek selbst ist inspiriert von den bei der niederländischen Oberschicht des 17. Jahrhunderts beliebten Puppenhäusern für Erwachsene. Die in einem geheimen Bücherregal aufbewahrten Erotika sind nur unter Aufsicht zugänglich.

50 ORTE FÜR KULTURGENUSS

5 besonders sehenswerte
KUNSTMUSEEN

341 **KM21 & FOTO-MUSEUM DEN HAAG**
Stadhouderslaan 43
Scheveningen – Zorgvliet ③
+31 (0)70 338 11 11
km21.nl
fotomuseumdenhaag.nl

Zwei Museen unter einem Dach: Das GEM zeigt Ausstellungen zur bildenden Kunst mit jungen, zeitgenössischen Talenten. Das Fotomuseum bietet Wechselausstellungen zu international bekannten Fotografen wie Sally Mann, Emmy Andriesse, Anton Corbijn, Man Ray und Erwin Olaf.

342 **MUSEUM BEELDEN AAN ZEE / SKULPTUREN AM MEER**
Harteveltstraat 1
Scheveningen – Strand ⑤
+31 (0)70 358 58 57
beeldenaanzee.nl

In der Düne unterhalb des Pavillons, den König Wilhelm I. für seine Frau bauen ließ, haben Theo und Lida Scholten ein wunderschönes Museum für ihre Sammlung mit modernen und zeitgenössischen Skulpturen eingerichtet. Mit seinem eleganten Design und den Außenterrassen mit Blick auf das Meer ist das Gebäude allein schon einen Besuch wert.

343 **MUSEUM VOORLINDEN**

Buurtweg 90
Wassenaar – Nördliches Umland ⑥
+31 (0)70 512 16 60
voorlinden.nl

Dieses moderne, luftige Museum auf einem alten Landgut in der Nähe von Den Haag beherbergt die größte private Kunstsammlung der Niederlande: die sogenannte Caldic Collection von Joop van Caldenborgh. Zu den beeindruckenden Kunstwerken der ständigen Sammlung gehören Werke von weltbekannten modernen und zeitgenössischen Künstlern wie James Turrell, Richard Serra, Song Dong und Ron Mueck. Brandaktuelle Wechselausstellungen.

343 MUSEUM VOORLINDEN

344 MUSEUM PANORAMA MESDAG

Zeestraat 65
Willemspark ④
+31 (0)70 310 66 65
panorama-mesdag.nl

Hier können Sie das Scheveningen von 1881 erleben: Fischerboote auf dem Meer und am Strand sowie in der Ferne Den Haag. Hendrik Willem Mesdag, ein Maler der Haager Schule, schuf das Bild auf einer Düne stehend – und beim Betrachten fühlt man sich fast, als stünde man neben ihm. Viele solcher Panoramen sind verschwunden, aber Mesdags Rundgemälde blieb erhalten.

345 KUNSTMUSEUM DEN HAAG

Stadhouderslaan 41
Scheveningen – Zorgvliet ③
+31 (0)70 338 11 11
kunstmuseum.nl

Das Kunstmuseum, bis vor Kurzem als Gemeentemuseum bekannt, ist berühmt für seine umfangreiche Mondrian-Sammlung und seine bedeutenden Ausstellungen. Doch die beeindruckende Sammlung zeitgenössischer Kunst, Mode und Kunsthandwerk ist nicht die einzige Attraktion. Auch das Museumsgebäude selbst ist sehenswert, denn es ist eines der besten Werke des Architekten Hendrik Petrus Berlage. Die lichtdurchfluteten Galerien, die beeindruckende Eingangshalle, die Marmorböden, die farbigen Kacheln: Dieser intime Kunsttempel ist ein Muss.

5 MUSEEN rund um den BINNENHOF

346 **MAURITSHUIS**
Plein 29
Voorhout ②
+31 (0)70 302 34 56
mauritshuis.nl

Dieses für seine Meisterwerke aus dem »Goldenen Zeitalter« wie etwa Vermeers *Mädchen mit dem Perlenohrring* oder Rembrandts *Die Anatomie des Dr. Tulp* weltberühmte Museum ist nicht gerade ein »Hidden Secret«, hat aber ein paar moderne Überraschungen in petto. Besonders sehenswert sind das farbenfrohe Deckengemälde *Icarus Atlanticus: Allegory of Human Vanity* (1987) von Ger Lataster sowie der beeindruckende, im Zuge der Renovierung angelegte unterirdische Erweiterungsbau.

347 **GALERIE PRINZ WILHELM V.**
Buitenhof 33
Hofkwartier ②
+31 (0)70 302 34 56
mauritshuis.nl

Dieses wenig bekannte Kleinod ist eines der ältesten Museen der Niederlande. Prinz Wilhelm V. von Oranien und Nassau ließ es 1774 errichten, um seine Sammlung der Öffentlichkeit zu präsentieren. Wie früher hängen die Meisterwerke von Jan Steen, Peter Paul Rubens, Paulus Potter und vielen weiteren dicht gedrängt an den Wänden. Die Sammlung ist Teil des Mauritshuis.

348 RIJKSMUSEUM DE GEVANGENPOORT / GEFÄNGNISMUSEUM

Buitenhof 33
Hofkwartier ②
+31 (0)70 346 08 61
gevangenpoort.nl

Bis zum 15. Jahrhundert war dieses Tor einfach nur der Eingang zum heute als Binnenhof bekannten Schloss. Von 1428 an war das Gebäude 400 Jahre lang ein Gefängnis, in dem die Angeklagten auf ihr Urteil wie etwa eine Geldstrafe, die Verbannung oder gar Folter und Tod warteten. Diese Schrecken der Vergangenheit werden bei einer dreißigminütigen Führung wieder lebendig.

349 HISTORISCH MUSEUM

Korte Vijverberg 7
Voorhout ②
+31 (0)70 364 69 40
haagshistorisch museum.nl

Den Haag ist Regierungs- und Königssitz und heute internationales Symbol für Frieden und Gerechtigkeit. Eine lange und wechselvolle Geschichte, dargestellt anhand so unterschiedlicher Exponate wie altmeisterliche Gemälde, alte Puppenhäuser und bizarre Objekte wie den abgetrennten Zungen und Fingern der ermordeten Politiker Johan und Cornelis de Witt.

350 MUSEUM BREDIUS

Lange Vijverberg 14
Voorhout ②
+31 (0)70 362 07 29
museumbredius.nl

1946 vermachte der Kunsthistoriker und Sammler Bredius seine Gemälde aus dem »Goldenen Zeitalter«, darunter Werke von Rembrandt, Jan Steen, Ruisdael, Ostade und vielen anderen der Stadt Den Haag. Heute kann diese Sammlung im heimeligen Ambiente eines Anwesens aus dem 18. Jahrhundert mit Blick auf Hofvijver und Binnenhof besichtigt werden.

350 **MUSEUM BREDIUS**

5 *schöne* MUSEEN ZU BESONDEREN THEMEN

351 **LOUWMAN MUSEUM**
Leidsestraatweg 57
Haagse Hout ⑥
+31 (0)70 304 73 73
louwmanmuseum.nl

Die Privatsammlung der Familie Louwman besteht aus über 250 lustigen, schnellen und seltenen Autos, darunter der berühmte Aston Martin DB5, den James Bond im Film *Goldfinger* fuhr, sowie mehrere Gewinnerautos des bekannten 24-Stunden-Rennens von Le Mans. Nicht nur für Autointeressierte empfehlenswert.

352 **MUSEUM FÜR ÖFFENTLICHE VERKEHRSMITTEL**
Parallelweg 224
Schilderswijk ⑨
hovm.nl

Zwischen 1908 und 1983 befand sich hier das Depot des Straßenbahnbetreibers HTM. Heute kann man hier zahlreiche Trams aus dem vergangenen Jahrhundert bewundern. Im Eintrittspreis ist eine Fahrt in einer alten, knarrenden und quietschenden Straßenbahn enthalten. Von April bis Oktober und nur sonntags geöffnet.

353 **ATLANTIKWALL MUSEUM**

Badhuisweg, bei den Nummern 119-133
Scheveningen - Duttendel ⑤
atlantikwallmuseum.nl

Dieser von Hitlers »Hausarchitekten« Albert Speer entworfene Bunker war Teil des Atlantikwalls, der von Norwegen nach Spanien und direkt durch Den Haag verlief. Anders als die meisten deutschen Bunker wurde dieses »Widerstandsnest 318« nicht abgerissen und kann heute sonntags besichtigt werden.

354 **MUSEUM MEERMANNO**

Prinsessegracht 30
Voorhout ②
+31 (0)70 346 27 00
meermanno.nl

Der Exzentriker und selbsternannte Bücherwurm Baron van Westreenen ließ sich in seinem Anwesen eine beeindruckende Bibliothek einrichten, die unter anderem die Sammlung seines Cousins Meerman beinhaltete. Dieses wohl älteste Buchmuseum der Welt öffnete 1852 seine Pforten. Sonderausstellungen mit modernen Büchern. Im Sommer kann man im angeschlossenen Garten in aller Ruhe schmökern und entspannen.

355 **LITERATUURMUSEUM**

Prins Willem-Alexanderhof 5
Stationsbuurt ②
+31 (0)70 333 96 66
literatuurmuseum.nl

Der Staubsauger des Schriftstellers Simon Vestdijk, eine Zigarre von Louis Couperus, die Motorboote von Jan Cremer: Das literarische Erbe der Niederlande beschränkt sich nicht nur auf Manuskripte. Neben Büchern sind hier auch Fotografien, Gemälde und Gegenstände aus dem Besitz von etwa 6000 Schriftstellern ab 1750 ausgestellt.

5 BÜHNEN,
die einen Besuch lohnen

356 **DILIGENTIA & PEPIJN**
Lange Voorhout 5 und Nieuwe Schoolstraat 21-23
Voorhout ②
+31 (0)70 361 05 40
diligentia-pepijn.nl

Auf der großen Bühne des Diligentia und der kleinen des PePijn ist die Crème de la crème der niederländischen Cabaret- und Comedyszene vertreten. Das 200 Jahre alte Diligentia hat auch nach der Renovierung den Charme des 19. Jahrhunderts behalten, das kleine PePijn bietet sowohl jüngeren als auch erfahreneren Comedians eine Plattform zum Experimentieren.

357 **BRANOUL**
Maliestraat 12
Voorhout ②
+31 (0)70 365 72 85
branoul.nl

In diesem winzigen und intimen Literaturtheater kann man mit den Darstellern auf Tuchfühlung gehen. Hier wird aus Literatur Theater und die wunderbare Welt der Worte ist der eigentliche Star. Einmal im Monat gibt es englischsprachige Stand-up-Comedy.

358 **DE NIEUWE REGENTES**

Weimarstraat 63
Segbroek ⑧
+31 (0)70 211 99 88
denieuweregentes.nl

Dieses von einhundert Ehrenamtlichen geführte Theater war in den 1920er-Jahren das größte Hallenbad der Welt. Seine Spuren sind noch an vielen Stellen sichtbar. Auf den vier kleinen bis mittelgroßen Bühnen wird Weltklasse geboten. Außerdem gibt es Veranstaltungen wie den sonntäglichen Klassikbrunch oder die El-Pub-Flamenco-Abende – hier ist immer etwas geboten.

359 **KORZO**

Prinsestraat 42
Hofkwartier ②
+31 (0)70 363 75 40
korzo.nl

Aus einem ehemaligen Kino, einem Bürogebäude und einer Kirche entstand ein Forum für die internationale und experimentelle Darstellerszene. Hier gibt es inspirierende Theaterstücke, zeitgenössische Musik und lebensfrohe Festivals, aber vor allem faszinierenden modernen Tanz von wegweisenden jungen Choreografen.

360 **THEATER AAN HET SPUI**

Spui 187
Chinatown ①
+31 (0)88 356 53 56
hnt.nl

Dieses Theater in der Innenstadt ist eines der drei Stammhäuser von Het Nationale Theater, des größten Wandertheaters der Niederlande. Avantgardistische Stücke und Festivals wie das Holland Dance Festival, Movies That Matter und Writers Unlimited.

5 ultramoderne Zentren für
KUNST UND FILM

361 **NUTSHUIS**
Riviervismarkt 5
Altstadt ①
+31 (0)70 345 90 90
nutshuis.nl

Dieses ehemalige Bankgebäude ist Experimentierfeld für Künstler, die sich mit neuen Ausdrucks- und Darstellungsformen sowie gesellschaftlichen Problemen auseinandersetzen. Eintritt zu Ausstellungen, Garten und Café frei.

362 **DCR**
De Constant
Rebecqueplein 20a, b
Segbroek ⑧
+31 (0)70 365 31 86
(Nest)
+31 (0)88 356 53 69
(Zaal 3)
dedcr.nl

In diesen ehemaligen Fabrikgebäuden arbeiten Künstler, Designer und Kulturinitiativen wie Nest und Zaal 3. Nest organisiert Ausstellungen zeitgenössischer Künstler, das kleine Theater Zaal 3 gehört zur Wandertheatertruppe Het Nationale Theater, bietet aber auch jungen, aufstrebenden Talenten die Chance, vor Publikum aufzutreten.

363 **STROOM DEN HAAG**
Hogewal 1-9
Hofkwartier ②
+31 (0)70 365 89 85
stroom.nl

Kunstgalerie, Bühne, Promotor, Bibliothek und Wissenszentrum, in dem Kunst auf ein urbanes Umfeld trifft. Topaktuelle Ausstellungen, Vorträge und Kunstprojekte, außerdem Veranstaltungen zu den Themen Kunst, Architektur und Städteplanung.

364 **ELECTRICITEITS-FABRIEK**
De Constant Rebecqueplein 20
Segbroek ⑧
+31 (0)6 34 37 99 27
electriciteitsfabriek.nl

Mit seiner 35 Meter hohen Stahlkonstruktion stellt diese riesige, ungenutzte Halle auf dem Gelände eines Kraftwerks eine einmalige Location für zeitgenössische Kunstausstellungen dar. Die Electriciteitsfabrik organisiert mehrere Veranstaltungen im Jahr.

365 **FILMHUIS DEN HAAG**
Spui 191
Chinatown ①
+31 (0)70 365 60 30
filmhuisdenhaag.nl

Hier kennt die Liebe zum Kino keine Grenzen. Neben Aufführungen von Klassikern und aktuellen Filmen finden im Filmhuis auch Vorträge und das renommierte Festival Movies that Matter für Filme zum Thema Menschenrechte und soziale Gerechtigkeit statt.

364 ELECTRICITEITSFABRIEK

5 tolle jährlich stattfindende

FESTIVALS UND FESTE

366 **CROSSING BORDER FESTIVAL**
crossingborder.nl

Hier gibt es keine Grenzen zwischen Musik und Literatur, etablierten und angehenden Autoren und Darstellern oder Ländern und Kontinenten, denn alle – ob vor oder hinter der Bühne – teilen die Liebe zur Sprache. Ein Festival, das Licht in einen grauen, stürmischen Herbsttag bringt.

367 **BOTSCHAFTS-FESTIVAL**
Lange Voorhout
Voorhout ②
+31 (0)70 360 60 33
embassyfestival.com

Obwohl Den Haag nicht die Hauptstadt der Niederlande ist, unterhalten viele Länder hier ihre Botschaften, die heutzutage leider mit schweren Türen, hohen Zäunen und Polizeipräsenz gesichert sind. An einem Wochenende im September jedoch präsentieren die Nationen der Welt auf der Lange Voorhout ihre kulturellen und kulinarischen Highlights.

368 **TONG TONG FAIR**
MALIEVELD
Haagse Hout ②⑥
+31 (0)70 354 09 44
tongtongfair.nl

Eines der ältesten und größten Volksfeste der Niederlande, das die Verbundenheit Den Haags mit Südostasien durch Aufführungen, Märkte und eine Vielzahl von Essensständen zum Ausdruck bringt.

369 **DE PARADE DEN HAAG**
Westbroekpark
Scheveningen - Westbroekpark ⑤
+31 (0)20 238 63 93
deparade.nl

Wandertheaterfestival, Mittelaltermarkt, Straßenkunst: De Parade ist ein unvergessliches Erlebnis mit Zelten im schönen Westbroekpark, Theateraufführungen, fantasievollen Open-Air-Konzerten und lecker Speis und Trank. Auch wer kein Niederländisch spricht, kommt auf seine Kosten - ein Riesenspaß für Jung und Alt!

370 **WINTERNACHTEN**
writersunlimited.nl

Vier Tage zu Ehren des geschriebenen Worts! Internationales, von Writers Unlimited organisiertes Festival, wo sich Autoren mit Kollegen, Wissenschaftlern, anderen Künstlern und dem Publikum austauschen können. Wohl wichtigstes Literaturfest der Niederlande mit bekannten nationalen und internationalen Schriftstellern.

5 Adressen für großartige LIVE-MUSIK

371 **PAARD**
Prinsegracht 12
Altstadt ①
+31 (0)70 750 34 34
paard.nl

Jedes Jahr pilgern über 200 000 Pop-, Rock-, Dance- und Hip-Hop-Fans zu den drei Bühnen dieses Musikfestivals, auf denen bereits internationale Top-Acts wie U2, Pearl Jam oder Prince zu Gast waren. Im Paardcafé spielen bis 4 Uhr morgens Nachwuchsbands.

372 **PODIUM DE NIEUWE KAMER**
VERSCHIEDENE LOCATIONS
+31 (0)6 15 52 35 72
podiumdenieuwekamer.nl

De Nieuwe Kamer setzt die Tradition des legendären Jazzclubs Regentenkamer fort, der lange Jahre Zentrum der Haager Jazzszene war und in dem Talente entdeckt und gefördert wurden. Jazz und Weltmusik aus Den Haag werden heute online sowie an verschiedenen Orten der Stadt aufgeführt.

373 **RADARCAFÉ BY POPRADAR**
Burgemeester Hovylaan 12
Loosduinen ⑨
+31 (0)88 024 14 00
popradar.nl

Popradar ist eine Organisation, die sich ganz der Förderung von Popmusik aus Den Haag verschrieben hat. Das Radarcafé hat billige Proberäume, viele gute Tipps und eine Bühne im Angebot, auf der junge, örtliche Bands Gratiskonzerte geben.

374 **MURPHY'S LAW**

Dr. Kuyperstraat 7
Willemspark ④
+31 (0)70 427 25 07
murphysjazz.nl

Pulsierender Mittelpunkt der Haager Jazzszene. In dieser Musikkneipe zeigen die Studenten des Königlichen Konservatoriums bei den montags und mittwochs stattfindenden Jazz-Jamsessions ihr Können. Donnerstags und freitags gehört die Bühne gestandenen Jazzmusikern.

375 **DE FUUT**

Zuiderstrand 6,
Strandslag 9/10
Loosduinen ⑤
+31 (0)6 42 07 98 84
defuut.nl

Kleine, aber feine Strandkonzerte vor einem atemberaubenden Nordseepanorama. Keine x-beliebige Beachbar – hier können Sie aber auch Ballettaufführungen, Flamencoabende oder ein Dinner bei klassischer Musik genießen. Halten Sie nach der riesigen PVC-»Strandbestie« des Künstlers Theo Jansen Ausschau.

375 DE FUUT

5 *Veranstaltungen in der* **TANZSTADT** *Den Haag*

376 **HOLLAND DANCE FESTIVAL**
holland-dance.com

Alle zwei Jahre treffen sich etwa 50 nationale und internationale Tanztruppen bei diesem für seine Qualität, Diversität, Virtuosität und Kreativität bekannten dreiwöchigen Festival. Von kleinen Aufführungen bis zu aufwendigen Tanzprojekten, von Tanzworkshops bis zu Dance Dinners läuft hier alles unter dem Motto »Tanzen für alle«.

377 **CADANCE FESTIVAL**
cadance.nl

Etablierte Tänzer zeigen im Korzo und dem Theater aan het Spui auf kleineren, publikumsnahen Bühnen zeitgenössischen niederländischen Tanz, aufstrebende Choreografen können hier ihre Werke und neue Talente ihr Können präsentieren. Beim CaDance wird Tanzgeschichte geschrieben!

378 **INDIA DANS FESTIVAL**
indiadansfestival.nl

Auf diesem Festival im Korzo-Theater trifft sich nicht nur die große Hindustani-Gemeinschaft Den Haags, der klassische und moderne indische Tanz zieht viele Fans aus aller Welt an. International ist auch die Darstellerriege, obwohl hauptsächlich niederländische und indische Tänzer vertreten sind.

379 **DE DUTCH DON'T DANCE DIVISION**
ddddd.nu

Die 1996 gegründete De Dutch Don't Dance Division will genau das Gegenteil erreichen, nämlich eine breitere Öffentlichkeit für den Tanz begeistern. Neben den unterschiedlichsten Darbietungen von Amateuren und Profis organisiert die Initiative das ganze Jahr über Vorstellungen für Jung und Alt in Theatern, auf Open-Air-Festivals und sogar am Strand.

380 **NDT (NEDERLANDS DANS THEATER)**
ndt.nl

Die Tanzkompanie NDT hat es geschafft, Den Haag zu einem international bekannten Zentrum des modernen Tanzes zu etablieren. Sie wurde 1959 von einer Tänzergruppe gegründet, die dem konservativen, klassischen Nederlands Ballet etwas Neues entgegensetzen wollte. Spätere Intendanten wie etwa Hans van Manen, Jiří Kylián, Paul Lightfoot und Emily Molnar setzten die Suche nach neuen Ausdrucksformen bis zum heutigen Tage fort.

5 bemerkenswerte Werke der STREET ART

381 **SWEELINCKPLEIN**
Scheveningen – Duinoord ③

Dieses Trompe-l'Œil an einem kleinen, tristen Versorgungsgebäude beweist, wie auch der grüne Sweelinckplein mit seinen herrschaftlichen Häusern von Street Art profitieren kann. Der Künstler Jille van der Veen, der auf optische Täuschungen spezialisiert ist, hat diesen Betonklotz in ein bezauberndes Gartenhäuschen verwandelt, das sich nahtlos in den umgebenden Park einfügt.

382 WEGASTRAAT

382 **WEGASTRAAT**
Wegastraat 67
Laak ⑦

Dieses große Stromversorgungsgebäude im Industriegebiet Binckhorst zeigt sensationelle Street Art. Die von Karski & Beyond gestaltete Vorderseite beschäftigt sich mit Vergangenheit und Gegenwart des Viertels, die Seitenfassade von Lily Brik stellt die hl. Barbara dar, nach der ein nahe gelegener Friedhof benannt ist.

383 **FRIEDHOF ST. BARBARA**
Sint Barbaraweg 6
Laak ⑦
+31 (0)70 350 37 18
begraafplaats stbarbara.nl

Dieser katholische Friedhof ist eine Oase der Ruhe inmitten des rauen Arbeiterviertels Binckhorst. Street-Art-Künstler Patrick Artdrenaline bemalte die Friedhofskapelle mit einem wunderschönen schwarz-weißen Wandgemälde.

384 **MEHRERE FASSADEN IN SCHEVENINGEN**
Heemraadstraat, Marcelisstraat, Badhuisstraat, Jan Kistenstraat
Scheveningen

In den Seitengassen Scheveningens entdecken Sie früher oder später die lebensgroßen Wandgemälde von Kees van der Vlies. Einige zeigen Scheveningen um die Jahrhundertwende und erinnern an die Werke des Malers Hendrik Willem Mesdag, von dem auch das berühmte, 1881 gemalte Panorama stammt.

385 **WALL POEMS**
Archipel und Willemspark
archipelpoezie.nl

Gedichte von niederländischen Poeten wie Vasalis und Rutger Kopland sowie von internationalen Lyrikern wie William Carlos Williams und Emily Dickinson zieren die Fassaden mehrerer Mietshäuser in den Vierteln Archipel und Willemspark – und laden zum Verweilen und Nachdenken ein.

5 *zeitgenössische*

ÖFFENTLICHE KUNSTWERKE

386 **ZIEKEN TE BED**
VON JAN SNOECK
Lijnbaan 32
Altstadt ①

Der an der Königlichen Kunstakademie Den Haag ausgebildete Jan Snoeck ist für seine abstrakten monumentalen Keramikskulpturen bekannt. *Zieken te bed* hinter dem Westeinde-Krankenhaus, eine Skulpturengruppe aus zehn bunten, Patienten auf hellblauen Betten ist ein eindrucksvolles Beispiel.

387 **DE TERP VAN LEIDSCHENVEEN / DER HÜGEL VON LEIDSCHENVEEN**
Vrouw Avenweg, Molenpolderstraat
Leidschenveen-Ypenburg ⑦

Wenn Sie dieses Bild von einer einsamen Kirche auf einem Hügel posten, werden alle denken, Sie wären in Tirol. In Wahrheit ist das Ganze eine von den Künstlern Laurens Kolks und Dennis Lohuis entworfene optische Täuschung: Die Kirche ist winzig und steht auf einem nur 11 Meter hohen, mit Erde bedeckten Müllberg.

388 **PARK IN HET WATER**
Laakhaven
Laak ⑦

Gegenüber der Hochschule für angewandte Wissenschaften hat das Atelier Vito Acconci & Studio ein leicht zum Wasser hin abfallendes Areal gestaltet, das wie ein aus dem Platz herausgebrochenes Puzzlestück aussieht.

389 **HEMELS GEWELF / HIMMELSGEWÖLBE**
Machiel Vrijenhoeklaan 175
Loosduinen ⑨

Sich auf eine Steinbank in einen großen künstlichen Krater in den Dünen zu legen, fühlt sich seltsam an. Doch sobald sich der Himmel über diesem von dem amerikanischen Künstler James Turrell entworfenen Kunstwerk aufspannt, entsteht ein beruhigendes und fast magisches Gefühl.

390 **DE BEELDENGALERIJ**
Grote Marktstraat, Spui, Kalvermarkt
Altstadt

Seit den Neunzigerjahren stehen in der Nähe des Rathauses 40 Skulpturen niederländischer Künstler der Gegenwart. Von Zeit zu Zeit tauschen die Werke ihren Platz oder werden durch neue ersetzt. So bleiben die Passanten auf dem Laufenden, was die zeitgenössische niederländische Kunst betrifft.

387 DE TERP VAN LEIDSCHENVEEN / DER HÜGEL VON LEIDSCHENVEEN

30 AKTIVITÄTEN MIT KINDERN

5 *coole* SPIELPLÄTZE *und* SKATEPARKS

391 **SKATEPARK SWEATSHOP**
Binckhorstlaan 271
Laak ⑦
+31 (0)6 10 67 86 30
skateparksweatshop.nl

Schnörkellose Skatehalle für Anfänger und Fortgeschrittene. Für kleinere Kinder werden Skateboardpartys inklusive Unterricht angeboten. Oder wie wär's mit einer coolen Graffiti-Party? Um 18 Uhr übernehmen dann die älteren und erfahreneren Skater.

392 **SKATEPARK DE KUIL & ZANDSPEELTUIN**
Ary van der Spuyweg 1 (gegenüber von der Kirche)
Scheveningen – Scheveningse Bosjes ③⑤

Hier kommen Kinder aller Altersgruppen auf ihre Kosten. Teenager können ihre Skills verbessern, für kleinere Kinder gibt es im Schatten der Bäume des Scheveningse Bosjes einen gepflegten und sauberen Spielplatz mit Sandboden, Rutschen, Rampen und Leitern.

393 **HET APENBOS**
BOSJES VAN POOT
Laan van Poot 93
Segbroek ⑧

Dieser Spielplatz in einem kleinen Wäldchen in Vogelwijk wurde von Pfadfindern und den Kindern aus der benachbarten Schule entworfen – und die wollten nicht nur schaukeln, balancieren und klettern, sondern auch eine Zip-Line und genug Platz zum Fußballspielen. Nicht nur das Holzspielzeug sorgt für Naturnähe.

394 **MONKEYBOS**
MEIJENDEL
Meijendelseweg 40
Wassenaar – Nördliches Umland ⑥
dunea.nl

Meijendel ist eine wundervolle Dünenlandschaft zwischen Den Haag und Wassenaar. In der Mitte dieses Naturparks befindet sich neben dem Besucherzentrum ein großer Spielplatz, auf dem die Kleinen auf Bäume und durch große Wasserrohre klettern können. Außerdem Zip-Line, Aussichtsturm und vieles mehr.

395 **PLANET JUMP**
Stadhouders-plantsoen 28
Scheveningen – Zorgvliet ③
+31 (0)70 779 61 80
planetjump.nl

Diese Trampolinhalle in einer ehemaligen Kirche ist an Regentagen ein Kinderparadies. Für die ganz Kleinen gibt es einen Extrabereich auf der Empore, bei den größeren sorgen ein Hindernisparcours und eine Kletterwand für Nervenkitzel. Begrenzter Einlass aus Sicherheitsgründen.

Die 5 besten Läden für SPIELZEUG und KINDERBÜCHER

396 **ROOD MET WITTE STIPPEN**
Beeklaan 303
Segbroek ⑧
+31 (0)70 346 39 48
roodmetwittestippen.nl

Der schönste Spielwarenladen Den Haags befindet sich in einem ehemaligen Kaufhaus mit Originalfliesen in Art-déco-Optik. Karin und Rien, die beiden Besitzerinnen, suchen persönlich aus, was sie in ihrem Geschäft anbieten.

397 **DE KIKKERKONING**
Aert van der Goesstraat 48
Scheveningen – Statenkwartier ③
+31 (0)70 351 42 27
dekikkerkoning.nl

Wunderschönes (Baby-)Spielzeug, Plüschtiere, Kinderbücher, Brettspiele und Puzzles – in diesem zauberhaften Laden findet jeder das passende Geschenk. Neben Spielwaren gibt es auch Kinderbekleidung sowie schöne Handtaschen, Einkaufskörbe und Portemonnaies für die Mama.

398 **ALICE IN WONDERLAND**
Piet Heinstraat 2
Zeeheldenkwartier ④
+31 (0)70 310 69 92
dehaagsekinderboekwinkel.nl

Einladendes Kinderbuchgeschäft, das durch fachkundige Beratung und eine große Auswahl an niederländischen und englischen Büchern für Babys, Kleinkinder, Kinder und Jugendliche besticht. Regelmäßig Veranstaltungen, Vorführungen und Signierstunden.

399 **MATRUSCHKA**
Van Hoytemastraat 57
Haagse Hout ⑥
+31 (0)70 360 52 18
matruschka.nl

Dieses heißgeliebte Geschäft gibt es schon seit vielen Jahrzehnten (wenn auch früher an anderer Stelle). Das Angebot umfasst neben Spielzeug aus Holz und anderen Naturmaterialien auch Puppen, Bücher, Schulsachen, Bastelartikel, Lampen, entzückende Kostüme und nachhaltige Kinderbekleidung.

400 **HOUT SAGE SPEELGOED**
Molenstraat 21c
Hofkwartier ②
+31 (0)6 57 99 40 39
houtsagespeelgoed.nl

Spielwaren aus Holz sind nicht nur schön und machen Kindern aller Altersgruppen Freude, sie sind auch zeitlos und so robust, dass sie Generationen überdauern. Der Inhaber legt großen Wert darauf, dass sie auch aus nachhaltigem Holz produziert werden.

396 **ROOD MET WITTE STIPPEN**

5 *Geschäfte mit entzückender*
KINDERBEKLEIDUNG

401 **ELVIS & OTIS**
Prins Hendrikstraat 124
Zeeheldenkwartier ③
+31 (0)70 752 03 58
elvisandotis.com

Kleiner, fröhlicher Laden für hippe Kinder und coole Eltern, benannt nach den Kindern der Inhaber. Kleidung von Qualitätsmarken wie MarMar Copenhagen, Repose AMS, Tinycottons und I Dig Denim, außerdem fantasievolles Spielzeug und Geschenke wie die superweichen Plüschtiere von Jellycat.

402 **LITTLEYOU**
Boreelstraat 8
Scheveningen – Statenkwartier ③
+31 (0)6 81 05 02 28
littleyou.me

Charmanter kleiner Concept-Store für Kids. Während die Kleinen in der Spielecke toben, können die Eltern shoppen oder einen Kaffee trinken. Julia Bos, die sympathische Inhaberin, führt nachhaltige, hochqualitative Kinderbekleidung skandinavischer und deutscher Marken sowie schönes Spielzeug und Einrichtungsgegenstände.

403 **ACHTUNG! BABY**
Prins Hendrikstraat 97
Zeeheldenkwartier ③
+31 (0)70 737 13 06
achtung-baby.nl

Second-Hand-Klamotten für Kinder. Ginny und Maryke, die Inhaberinnen, nehmen nur qualitativ hochwertige und saubere Stücke in gutem Zustand an. Außerdem hinreißende, handgemachte Geschenkartikel.

404 **PLUK & PALOMA**
2e Schuytstraat 168
Scheveningen - Duinoord ③
+31 (0)70 369 79 05
plukandpaloma.com

Gleich in der Nähe der Reinkenstraat verkauft Anca Huizenga in ihrem bezaubernden Geschäft farbenfrohe Kinderkleidung von ausgesuchten Qualitätsmarken wie Wynken oder Maed for mini, dazu Spielzeug, Bücher und wunderschönen Schmuck für die Mama.

405 **STOKSTAART**
Weimarstraat 65
Segbroek ⑧
+31 (0)6 45 23 00 45
stokstaartshop.nl

Bequeme und nachhaltige Kleidung aus weichen, bunten Stoffen von CarlinjQ, Accessoires, handgemachtes Spielzeug von Raduga Grez, tolle Kartonkreationen von Studio ROOF sowie Bücher für Kinder von 0 bis 12 Jahren. Kleine, fair gehandelte Labels, Arbeiten von Kinderbuchillustratoren.

402 **LITTLEYOU**

Die 5 tollsten

MUSEEN FÜR KINDER

406 **MUSEON**
Stadhouderslaan 37
Scheveningen – Zorgvliet ③
+31 (0)70 338 13 55
museon.nl

Dieses Kultur- und Wissenschaftsmuseum bietet Unterhaltung für die ganze Familie. Obwohl die Themen der Ausstellungen einen hohen pädagogischen Anspruch haben, wird es den Kids nie langweilig, denn hier lernen sie beim Spielen, Schauen, Hören und Lesen. Die Dauerausstellung *One Planet* beschäftigt sich mit der brandaktuellen Frage, wie unsere Erde bewohnbar bleiben kann.

407 **KINDERBOEKENMUSEUM**
Prins Willem-Alexanderhof 5
Stationsbuurt ②
+31 (0)70 333 96 66
kinderboekenmuseum.nl

Ein spannendes, interaktives Museum zu berühmten niederländischen Kinderbüchern. Hier können die Kleinen ihrer Fantasie freien Lauf lassen und in ihr Lieblingsbuch eintauchen. Es gibt eine Abteilung für jüngere (2 bis 6) und eine für ältere (7+) Kinder.

408 **BEELD EN GELUID DEN HAAG**

Zeestraat 82
Zeeheldenkwartier ④
+31 (0)70 330 75 00
denhaag.beeldengeluid.nl

Wie kommunizieren wir heute, wie haben wir früher kommuniziert? Was ist nonverbale Kommunikation? Können wir uns eine Welt ohne Internet vorstellen? Das Motto dieses hochgradig interaktiven, kürzlich renovierten Museums lautet: »Wer die Kunst der Kommunikation versteht, versteht die Welt.«

409 **WONDERKAMERS**

KUNSTMUSEUM DEN HAAG
Stadhouderslaan 41
Scheveningen – Zorgvliet ③
+31 (0)70 338 11 11
kunstmuseum.nl

Witzige und inspirierende Dauerausstellung im Untergeschoss des Kunstmuseums (ehemals Gemeentemuseum). In diesen dreizehn wunderschön eingerichteten Wunderkammern können die Kinder für einen Tag Museumsdirektor sein, mithilfe eines Tablets eine Ausstellung planen und spannende Rätsel lösen.

410 **ESCHER IM PALAST**

PALEIS LANGE VOORHOUT (WINTERPALAST)
Lange Voorhout 74
Voorhout ②
+31 (0)70 427 77 30
escherinhetpaleis.nl

Auf etwas ältere Kinder üben die Werke des weltberühmten Künstlers M.C. Escher eine große Faszination aus. Die Kleinen lieben es, vom Meister der optischen Illusion zum Staunen gebracht zu werden. In dieser interaktiven Dauerausstellung im zweiten Stock können sie in Eschers wundersame Welt eintauchen.

5 *großartige* AKTIVITÄTEN MIT KINDERN

411 **OMNIVERSUM**
President Kennedylaan 5
Scheveningen – Zorgvliet ③
+31 (0)70 354 54 54
omniversum.nl

Dieses Rundumkino ist der Hit bei den Kids! Durch die große, kuppelartige Leinwand ist man mitten im Film – ein atemberaubendes Erlebnis. Die Tier- oder Weltalldokumentationen dauern etwa eine Stunde. Filme auf Niederländisch und Englisch.

412 **HAAGSE BOOMTOPPERS**
VERSCHIEDENE LOCATIONS
+31 (0)6 42 20 98 09
haagseboomtoppers.nl

Lustiges und sicheres Bäumeklettern für alle Kinder ab sieben Jahren. Die erfahrenen Betreuer bauen das Klettergerät in einem Park auf und beaufsichtigen die Kinder. Man kann entweder bei einer Kletterstunde mitmachen (Termine auf Facebook) oder eine Geburtstagsparty buchen.

413 **KOOMAN'S POPPENTHEATER**
Frankenstraat 66
Scheveningen – Statenkwartier ③
+31 (0)70 355 93 05
koomans poppentheater.nl

Seit 1960 werden in diesem Theater Puppen auf magische Weise zum Leben erweckt. Besitzer Arjan Kooman denkt sich alles selbst aus: die Puppen, die Kulissen und die Geschichten. Sein Bruder Joost schreibt die Musik dazu. Die Vorstellungen sind für Kinder ab fünf Jahren geeignet. Nur auf Niederländisch.

414 **AVONTURIA DE VOGELKELDER**
Kerketuinenweg 3
Escamp ⑨
+31 (0)70 363 72 72
avonturia.nl

Diese gigantische Tierhandlung (die größte in den Niederlanden!) ist zugleich auch ein kleiner Vergnügungspark. Die Kids können sich im Minizoo mit dunklen Höhlen, einem Tempel, Reptilien, Spinnen und Fledermäusen wie Indiana Jones fühlen. Wer seinen Geburtstag dort feiert, darf auf Schatzsuche gehen, eine lebende Schlange halten und sogar Insekten essen.

415 **DE JUTTERSKEET**
HINTER DEM HOTEL ATLANTIC
Loosduinen ⑨
jutterskeet.nl

Den Haags berühmtester Strandgutsammler ist Ome Jan (Onkel Jan). Samstag- und Sonntagnachmittag sitzt er mit seinem Assistenten Rob in dem kleinen Schuppen zwischen interessanten Fundstücken vom Kijkduin-Strand, gibt Tipps für die eigene Suche und verleiht Metalldetektoren und Fischernetze.

414 AVONTURIA DE VOGELKELDER

5 *kinderfreundliche* RESTAURANTS

416 **VILLA OCKENBURGH – DE KAS**
Monsterseweg 4
Loosduinen ⑨
+31 (0)70 217 73 33
villaockenburgh.nl

Das fast vier Jahrhunderte alte Landgut Ockenburgh wurde kürzlich vollständig renoviert. Das Restaurant in der Villa ist für die Eltern, das Gewächshaus ist dagegen für alle da. Das gesunde Mittagessen können Sie sich auch für einen abenteuerlichen Spaziergang durch den Park mit seinen Wäldern, Wasserläufen, Wiesen und Dünen einpacken lassen. Viele Aktivitäten für Kinder.

417 **OMA TOOS**
Dr. Lelykade 3r
Scheveningen – Hafen ⑤
+31 (0)70 444 94 28
oma-toos.nl

Wer mit Kindern in die Niederlande fährt, muss mindestens einmal *poffertjes* probieren – am besten am Scheveninger Hafen bei Oma Toos. Neben einheimischen Spezialitäten gibt es Pfannkuchen und *poffertjes* in vielen, auch herzhaften Variationen. Kinderfreundliches Restaurant mit Spielecke und freundlicher, geduldiger Bedienung.

418 DE BOOM-HUTTENCLUB

Boekhorststraat 47
Altstadt ①
deboomhuttenclub.nl

Um die etwas vernachlässigte Boekhorststraat im Stadtzentrum wieder attraktiver zu machen, wurde in einem ehemaligen Kino ein interessantes und cleveres Projekt verwirklicht: Die Eltern können nachhaltig und gesund zu Mittag essen oder Kaffee trinken, die Kinder toben an den hölzernen Spielgeräten.

419 PLUK! DEN HAAG

Loosduinse Hoofdstraat 1184a
Loosduinen ⑨
plukdenhaag.nl

Dieser Bauernhof am Stadtrand ist Entspannung pur für Familien mit kleinen Kindern. Neben einem Garten mit Bio-Gemüse zum Selbsternten gibt es einen Streichelzoo und einen kleinen Naturspielplatz. Genießen Sie ein Mittagessen auf der Terrasse, während Ihre Kinder den Hof erkunden.

420 DE WATERKANT

WESTBROEKPARK
Scheveningen – Westbroekpark ⑤
+31 (0)70 350 28 63
dewaterkant.nl

Ideal für etwas ältere Kinder: Man kann ein Ruderboot mieten, auf der begrünten Terrasse dieses Cafés im Westbroekpark entspannt Tee trinken oder kindgerecht zu Mittag essen. Erreichbar ist De Waterkant durch den Westbroekpark oder mit der kleinen Personenfähre vom Haringkade aus. Nur im Frühling und Sommer geöffnet.

20 ORTE ZUM ÜBERNACHTEN

Die 5 besten

BOUTIQUEHOTELS UND B&Bs

421 **RESIDENZ STADSLOGEMENT**
Sweelinckplein 35
Scheveningen – Duinoord ③
+31 (0)70 364 61 90
residenz.nl

Wer in Den Haag ein zweites Zuhause sucht, für den ist diese charmante Unterkunft mit sechs stilvollen Suiten und Ferienwohnungen am im Stil der Neurenaissance gehaltenen Sweelinckplein genau richtig. Petra und Frank heißen Sie persönlich willkommen. Reichliches Frühstück.

421 RESIDENZ STADSLOGEMENT

422 LA PAULOWNA

Anna Paulowna-plein 3
Zeeheldenkwartier ④
+31 (0)70 450 00 91
lapaulowna.com

Luftiges, helles, umweltbewusstes, nachhaltiges und trotz der exklusiven Lage erschwingliches Boutiquehotel am geschäftigen Anna Paulownaplein. Die Inhaber wohnten zunächst gegenüber und fanden das Jahrhundertwendegebäude so hübsch, dass sie ein Hotel daraus machten.

423 STADSVILLA MOZAIC

Laan Copes van Cattenburch 38
Archipel ④
+31 (0)70 352 23 35
mozaic.nl

Als dieses Stadtpalais 1880 erbaut wurde, fuhren noch Pferdekutschen durch das vornehme Archipel-Viertel. Heute trifft hier nostalgische Pracht auf modernen Komfort und Design. Parks, Strände und das Stadtzentrum sind gleich in der Nähe.

424 HOTEL PISTACHE

Scheveningseweg 1
Archipel ④
+31 (0)6 15 21 69 41
hotelpistache.nl

Dieses von zwei Innenarchitekten in einem Art-déco-Gebäude gegenüber des Friedenspalastes eingerichtete Hotel ist alles andere als alltäglich. In den individuell gestalteten Suiten fühlt man sich sofort wie zu Hause.

425 BACÁN B&B

Molenstraat 39a
Hofkwartier ②
+31 (0)6 34 14 41 35
bacan.nl

In diesen beiden herrschaftlichen Suiten in einer der ältesten Straßen Den Haags ist der König persönlich Ihr Nachbar! Aber auch sonst hat dieses B&B viel Luxus zu bieten. Im benachbarten Hofkwartier finden sich einige der besten Geschäfte und Restaurants der Stadt.

5
UNGEWÖHNLICHE
Orte zum Übernachten

426 **DE PIER, SUITES & CABINS**
Strandweg 152
Scheveningen – Strand ⑤
+31 (0)6 10 72 04 38
piersuites.nl

Zu den neuesten Errungenschaften des 1961 eröffneten De Pier zählt das Suites & Cabins: Der einzige Ort in Holland, an dem man über der Nordsee schlafen kann. Alle Suiten sind mit Jacuzzi und einer Glasdecke ausgestattet, damit man die Sterne beobachten kann.

427 **HAAGSE STRANDHUISJES / STRANDHÄUSER**
Strandslag 2a
Loosduinen ⑨
haagsestrandhuisjes.nl

Lauschen Sie der Brandung, den Möwen und dem Wind im Schilf. Sehen Sie die Sonne über den Dünen auf- und am Horizont untergehen. Wer in einem der 20 etwas abgelegenen Ferienhäuser in Kijkduin übernachtet, ist morgens der Erste und abends der Letzte am Strand.

428 **SLAPEN OP DE BOOT / ÜBERNACHTEN AUF DEM BOOT**
Wateringseweg 95
Poeldijk – Südliches Umland ⑨
+31 (0)6 14 15 82 51
slapenopdeboot.nl

Wer dem Trubel der Stadt entkommen will, findet in diesem charmanten B&B-Boot zwischen den Gewächshäusern Westlands die ideale Zuflucht. Zwei Schlafzimmer, einer Küche, Dusche, Terrasse am Ufer. In See stechen dürfen Sie zwar nicht, dafür können Sie Angeln, Schwimmen oder die Umgebung mit einem Kanu erkunden.

429 **KASTEEL DE WITTENBURG**

Landgoed de Wittenburg 1
Wassenaar - Nördliches Umland ⑥
+31 (0)70 515 15 00
wittenburg.nl

Dieser riesige, um 1600 errichtete Bauernhof in Wassenaar, einem ruhigen und exklusiven Haager Vorort, hat eine bewegte Geschichte. 1899 wurde er zu einem burgähnlichen Anwesen umgebaut, heute befindet sich darin ein Hotel mit zehn hochherrschaftlichen Zimmern und Suiten.

430 **CORNELIA'S TUINHUIS**

HOF VAN WOUW
Brouwersgracht 30
Altstadt ①
hofvanwouw.nl

Die kleinen, 1647 erbauten Häuschen sind eigentlich für alleinstehende Frauen mit geringem Einkommen gedacht. Einzige Ausnahme ist dieses etwas größere, zu einem B&B für Paare umfunktionierte Haus. Ein einmaliges Erlebnis, hat sich hier doch jahrhundertelang nur wenig verändert.

427 HAAGSE STRANDHUISJES / STRANDHÄUSER

5 **COOLE** *und* **PREISWERTE** *Herbergen*

431 **KINGKOOL**
Prinsegracht 51
Altstadt ①
+31 (0)70 215 83 39
kingkool.nl

Gemischte Schlafsäle für Backpacker, ein »Bunny-Room« für die Jungs und Einzelzimmer für Familien – das alles zu einem erschwinglichen Preis und, wie der Name schon sagt, dank der fantasievollen Einrichtung ziemlich cool. In der Bar kann man Schach, Billard und Tischtennis spielen und sogar Designerturnschuhe kaufen.

432 **JORPLACE BOUTIQUE HOSTEL**
Keizerstraat 296
Scheveningen – Strand ⑤
+31 (0)70 338 32 70
jorplace.nl

Die ultimative Bleibe (nicht nur) für junge, surfbegeisterte digitale Nomaden. In diesem Hostel direkt in der Altstadt von Scheveningen gibt es Schlafsäle mit Stockbetten für Gruppen, Doppelzimmer und eine bis spät in die Nacht geöffnete Bar, in der man entspannt um ein Feuer sitzen oder sich sogar sein eigenes Essen kochen kann.

433 **HOSTEL THE HAGUE**
Lutherse Burgwal 5
Altstadt ①
+31 (0)70 220 40 26
hostelthehague.com

Dieses kleine Hostel mit einfachen Zimmern befindet sich mitten im Partyviertel, man kann sich also direkt ins Nachtleben stürzen. Alternativ gibt es in der Hotelbar Craftbier und beinahe jeden Abend Live-Jazz. Nur für lärmunempfindliche Schläfer unter 40.

434 **THE STUDENT HOTEL**
Hoefkade 9
Stationsbuurt ①
+31 (0)70 762 10 00
thestudenthotel.com

Schüler und Studenten, jung und alt, Reisende und Berufsnomaden können in diesem gnadenlos hippen Hotel mitten im Zentrum gemeinsam lernen, wohnen, arbeiten und entspannen. Moderate Preise, auch Wohnungen für längere Aufenthalte verfügbar.

435 **TELEPORT HOTEL**
Binckhorstlaan 131
Laak ⑦
+31 (0)70 204 40 22
thehague.teleporthotel.com

Die hellen, modernen Zimmer dieses coolen Hotels bieten eine tolle Aussicht. Neben riesiger Street Art in der Lobby gibt es auch Street-Art-Zimmer. Wenn sich das heute noch wenig reizvolle ehemalige Industriegebiet Binckhorst demnächst zum hippen Szeneviertel entwickelt, sind Sie hier mittendrin.

5 Hotels in SEHENSWERTEN Gebäuden

436 **CARLTON AMBASSADOR**
Sophialaan 2
Willemspark ④
+31 (0)70 363 03 63
carlton.nl

In diesem schicken Hotel in einem historischen weißen Gebäude im Diplomatenviertel trifft sich die High Society Den Haags. Zimmer und Suiten verwöhnen mit üppigem Blumenmuster und einem Hauch Delfter Blau, der Friedenspalast und das Panorama Mesdag sind gleich in der Nähe.

437 **STAYBRIDGE SUITES THE HAGUE – PARLIAMENT**
Lange Vijverberg 10
Voorhout ②
+31 (0)70 209 90 30
staybridge.com

101 luxuriöse, moderne Apartments mit vollausgestatteter Küche in einmaliger Lage gegenüber dem Binnenhof. Von den beiden historischen Gebäuden hat man eine spektakuläre Aussicht auf den Schlossweiher. Ideal für Familien und für längere Aufenthalte.

438 **COVE – CENTRUM**
Grote Marktstraat 46
Altstadt ①
+44 (0)330 202 0505
staycove.com/en/the-hague/centrum-apartments

Ultramodern, urban und mitten auf der Shoppingmeile. Das weiße Gebäude mit den runden schwarzen Fenstern erinnert an eine riesige gefleckte Kuh. Die Zimmer und Suiten sind einfach, aber gut ausgestattet.

439 **IBIS STYLES CITY CENTRE**

Kerkplein 3
Altstadt ①
+31 (0)70 216 19 58
accorhotels.com

Backstein, getöntes Glas, Details aus Naturstein und eine spektakuläre Treppe kennzeichnen dieses vom berühmten niederländischen Architekten Berlage entworfene Gebäude. Tolle Lage mitten in der Innenstadt gegenüber der jahrhundertealten Kirche - wenn die Glocken läuten, kann es allerdings etwas laut werden. Erschwingliche Preise.

440 **HOTEL INDIGO THE HAGUE – PALACE NOORDEINDE**

Noordeinde 33
Hofkwartier ②
+31 (0)70 209 90 00
ihg.com

Dieses Hotel in einem historischen Bankgebäude gegenüber dem Noordeinde-Palast kann sich auch innen sehen lassen: Marmorwände, hohe Decken, Buntglas und stilvoll eingerichtete, luxuriöse und gemütliche Zimmer. Das Restaurant ist in der ehemaligen Schalterhalle, die Cocktailbar im Goldtresor untergebracht.

439 IBIS STYLES CITY CENTRE

STRANDSPORT

45 AKTIVITÄTEN FÜR DAS WOCHENENDE

Die 5 besten
BOOTSAUSFLÜGE

441 **DE OOIEVAART**
Bierkade 18b
Chinatown ①
+31 (0)70 445 18 69
rundfahrtdenhaag.de

Hier wird alles von Ehrenamtlichen organisiert. Von Frühjahr bis Herbst kann man beispielsweise die Königshaus-Tour, die Van-Gogh-Tour oder die Celebrity-Tour buchen. Erfahrene Stadtführer erzählen pikante Geschichten und verraten die Geheimnisse Den Haags. Auch Touren auf Deutsch.

442 **REDERIJ VROLIJK**
Dr. Lelykade 3h
Scheveningen – Hafen ⑤
+31 (0)70 351 40 21
rederijvrolijk.com

Frischer Fisch, selbst gefangen – wie klingt das? Auf mehreren Touren können Sie von Scheveningen aus das ganze Jahr über aufs Meer hinausfahren und mit etwas Glück Makrelen, Wittlinge, Plattfische und Dorsche fangen. Im Winter wird sogar Wrackangeln angeboten. Für alle Nichtangler gibt es Ausflugsfahrten entlang der Küste.

443 **THE HAGUE BOAT**
EIN- UND AUSSTIEG:
Mauritskade 10
Willemspark ④
+31 (0)6 39 82 35 46
thehagueboat.com

Unternehmen Sie mit Freunden oder der Familie eine Bootsfahrt durch die idyllischen Kanäle der Stadt und genießen Sie dabei High Tea, einen Brunch oder ein paar Häppchen zu einem erfrischenden Gläschen Prosecco. Standard- und Themenfahrten. Touren auf Englisch.

444 **WILLEMSVAART**
MEHRERE EIN- UND AUSSTIEGSMÖGLICHKEITEN
Zentrum
Scheveningen
+31 (0)6 19 85 32 80
willemsvaart.nl

Mit Willemsvaart können Sie direkt vom Hauptbahnhof mit dem Boot durch den Haringkade an den Scheveninger Strand fahren. Lassen Sie die geschäftigen Straßen der Stadt und den ruhigen Westbroekpark an sich vorbeiziehen. Willemsvaart organisiert außerdem Gruppenreisen, Bootsfahrten zu Events wie dem Sail op Scheveningen und an Feiertagen wie etwa dem Prinsjesdag.

445 **KANOVERHUUR DEN HAAG / KANUVERLEIH**
GEGENÜBER VON:
Groenewegje 144
Stationsbuurt ①
+31 (0)6 85 11 88 22
kanoverhuur denhaag.nl

Es ist tatsächlich möglich, Den Haag mit dem Kanu zu erkunden! Gleiten Sie durch die Kanäle, bewundern Sie die alte und neue Architektur und die Stadtparks und machen Sie an einem der vielen Cafés entlang der Wasserstraßen Rast. Außerdem hat Kanoverhuur mehrere unterhaltsame und abwechslungsreiche Kanutouren im Angebot.

5 tolle Adressen für SPORT UND YOGA am Strand

446 **HART BEACH SURF SCHOOL**
Strandweg 3b
Scheveningen – Strand ⑤
+31 (0)70 350 25 91
hartbeach.nl

Wollten Sie schon immer mal auf den Wellen reiten? Am Hart Beach wird das ganze Jahr über professioneller Surfunterricht für Kinder, Anfänger und Profis auf der Suche nach neuen Tricks angeboten, außerdem SUP- und Skateboardkurse. Danach kann man sich im Strandpavillon entspannen oder dem Surfshop am Hafen einen Besuch abstatten.

447 **THE HAGUE BEACH STADIUM**
Strandweg 4
Scheveningen – Strand ⑤
+31 (0)70 762 02 76
beachstadium.com

Ob Anfänger oder Fortgeschrittener – wer gerne in Bikini oder Badehose Sport treibt, ist hier genau richtig. Eine Partie Beachvolleyball oder Beachsoccer an der frischen Luft sorgt für einen tüchtigen Energieschub! Viele Sportveranstaltungen.

448 BLOW! KITESURFSCHULE

Zandmotorpad (7 Gehminuten vom Parkplatz an der Machiel Vrijenhoeklaan)
Loosduinen ⑨
+31 (0)6 52 53 49 99
blow.surf

An dieser Stelle in der Nähe der künstlichen Halbinsel De Zandmotor vor Kijkduin ist es immer windig und das Wasser ist flach und ruhig – ideal, um Windsurfen zu lernen. Aber auch Fortgeschrittene kommen auf ihre Kosten. Im Strandhaus kann man sich umziehen, duschen und nach dem Unterricht etwas essen oder trinken. März bis Oktober, täglich ab 9 Uhr.

449 STRANDYOGA

VERSCHIEDENE LOCATIONS
Loosduinen
Scheveningen

Der Sand stellt ihren Gleichgewichtssinn und ihre Muskeln vor ganz neue Herausforderungen: Im Sommer bieten viele Yogaschulen Unterricht am Strand an (bei schlechtem Wetter im Strandpavillon) – zum Beispiel im Pier 32, Patagonia Beach, Strandtent 14 oder Het Puntje. Weitere Informationen auf den Websites der Studios oder unter *buiten-yoga.nl*.

450 THE SHORE

Strandweg 2a
Scheveningen – Strand ⑤
+31 (0)6 49 39 20 95
theshore.nl

Die lockerste Surfschule an der holländischen Küste! Hier kann man nicht nur bei erfahrenen Lehrern professionellen Unterricht nehmen, sondern auch bei Bio-Säften, Pfannkuchen und Spezialitätenbieren erstklassig abhängen. Die Schule ist sehr umweltbewusst und legt großen Wert auf Nachhaltigkeit.

5 schöne Plätzchen zum
SCHWIMMEN

451 **ERHOLUNGSGEBIET MADESTEIN**
Mehrere Eingänge am Madepolderweg
Loosduinen ⑨

Für ein erfrischendes Bad muss es nicht immer die Nordsee sein. Das Erholungsgebiet Madestein in der Nähe von Kijkduin verfügt über zwei Badeseen mit Spielplätzen und ausgewiesenen Badestellen.

452 **ZWEMBAD DE PUT**
Huis te Landelaan 29a
Rijswijk – Südliches Umland ⑨
+31 (0)70 390 47 29
zwembaddeput.nl

Dieses Naturbad ist ein echtes Juwel im Grünen! Der 1910 angelegte künstliche See gehört zum versteckt hinter den Wohnvierteln des Vorortes Rijswijk gelegenen historischen Landgut De Werve.

453 **WASSENAARSE SLAG**
De Wassenaarse Slag 31
Wassenaar – Nördliches Umland

Dieser Sandstrand ist bestens geeignet, um eine Wanderung oder Radtour mit einem erfrischenden Bad in der Nordsee zu kombinieren. Der Weg dorthin führt durch den wunderschönen Naturpark Meijendel mit weiter Dünenlandschaft, Wäldern und Seen. Im Sommer sorgen mehrere Strandlokale für das leibliche Wohl.

454 VLIETLAND

Nördliches Umland
recreatiegebied-vlietland.nl

In diesem großen Naherholungsgebiet zwischen Den Haag und Leiden gibt es alles, was man für einen lustigen Familienausflug ans Wasser braucht: drei Seen, viele Badestellen, Wassersport wie Segeln, Rudern und Kanufahren und für Kinder einen schwimmenden Aquapark.

455 FKK-STRÄNDE

Strandslag 1, Kijkerduin; Strandslag 8, Westduinpark; Noorderstrand 35, Meijendel
Scheveningen – Strand / Loosduinen
strand-denhaag.nl/overzicht/naaktstranden

In Den Haag gibt es gleich drei FKK-Strände: zwei westlich des Stadtzentrums am Zuiderstrand und einen am Noorderstrand nördlich von Scheveningen. Obwohl diese Strände relativ abgelegen sind, können Hunger und Durst an mehreren Strandbuden gestillt werden. Sonnencreme nicht vergessen!

451 ERHOLUNGSGEBIET MADESTEIN

5 GEFÜHRTE BESICHTIGUNGEN,
die sich lohnen

456 **KURHAUS SCHEVENINGEN UND HIGH TEA**
Gevers Deynoot-plein 30
Scheveningen – Strand ⑤
+31 (0)70 416 26 36
amrathkurhaus.com/en/grand-tour.html

Erfahren Sie alles über die turbulente Geschichte dieses berühmten Hotels: Welche Berühmtheiten hier wohnten und auftraten, welchen Schaden der große Brand anrichtete, was in den Jahren der deutschen Besetzung geschah und wie das Hotel nach dem Niedergang in den Siebzigerjahren restauriert wurde. Zur Führung (auch auf Englisch) gehören eine Besichtigung der Kuppel sowie ein anschließender High Tea.

457 **SKULPTURENGARTEN CLINGENBOSCH**
Dennenlaan 9
Wassenaar – Nördliches Umland ⑥
+31 (0)70 512 16 60
voorlinden.nl

Wenn Ihnen das Museum Voorlinden mit der Privatsammlung Joop van Caldenborghs gefällt, dürfen Sie den Skulpturengarten in Caldenborghs 27 Hektar großer Privatresidenz Clingenbosch mit Werken von Henry Moore, Jean Tinguely, Sylvie Fleury und Sol LeWitt nicht verpassen. Führungen auch auf Englisch.

458 **VISAFSLAG SCHEVENINGEN / FISCHAUKTION**

Visafslagweg 1
Scheveningen – Hafen ⑤
+31 (0)70 361 88 60
denhaag.com/de/kalender/fischauktion-scheveningen-rundgang

Früh aufstehen lohnt sich! Bei dieser Führung bekommen Sie einen Einblick in den Alltag der hart arbeitenden Fischer und sind live bei einer Auktion dabei. Welche Fische werden verkauft, wie läuft die Versteigerung ab, was macht den Scheveninger Fischmarkt so besonders? Start ist bereits um 6.30 Uhr, dafür gibt es heißen Kaffee.

459 **PRODEMOS**

Hofweg 1
Voorhout ②
+31 (0)70 757 02 00
prodemos.nl

Für alle, die wissen wollen, wie die niederländische Demokratie funktioniert, bietet sich eine Führung durch dieses »Haus der Demokratie und des Rechts« an. Das Besucherzentrum Prodemos bietet mehrere Führungen durch die beiden Kammern des Parlaments sowie den Rittersaal an (Binnenhof-Führung auch auf Englisch).

460 **KÖNIGLICHER WARTESAAL**

BAHNHOF DEN HAAG HS
Stationsplein 41
Stationsbuurt ①
cultureleagenda.nl/wachtkamers

Die Zeiten ändern sich, doch dieser extravagante Wartebereich über der großen Halle des Bahnhofs Hollands Spoor wird noch immer von der Königsfamilie zu den seltenen Gelegenheiten genutzt, an denen die Reise mit dem Zug bequemer als per Flugzeug oder Auto ist. Bei einer Führung kann man sich von der Größe und der Pracht dieser Räumlichkeiten beeindrucken lassen.

Die 5 interessantesten FAHRRADTOUREN

461 **ATLANTIKWALL**
Radroute Nr. 158310
route.nl

In und um Den Haag gibt es noch viele Überreste dieser von den Nazis im Zweiten Weltkrieg errichteten Küstenbefestigung. Auf dieser Tour kommen Sie an Bunkern, dem ehemaligen jüdischen Viertel und dem Platz vorbei, an dem die jährliche Gedenkfeier für die Opfer stattfindet. Über den Verlauf der 34 Kilometer langen Tour können Sie sich auf der Website informieren.

462 **FAHRRADTOUR SCHLOSS DUIVENVOORDE**
https://www.fietsnetwerk.nl/de/routen/fahrradtour-schloss-duivenvoorde/

Erkunden Sie das grüne Umland Den Haags mit dem Fahrrad. Die Tour führt vorbei an jahrhundertealten Schlössern und Anwesen, die vom Adel und den reichen Kaufleuten Wassenaars, Voorschotens und Voorburgs errichtet wurden. Viele Einkehrmöglichkeiten, beispielsweise im modernen Teepavillon Hof van Duivenvoorde. Routenverlauf auf der Website (auf Deutsch).

463 **THE HAGUE BIKE TOURS**
STARTPUNKT:
Heulstraat 13
Hofkwartier ②
+31 (0)70 313 44 00
thehaguebiketours.nl

Als Brent Meelhuysen 2017 diesen erfolgreichen Fahrradtourveranstalter gründete, war er gerade einmal 13 Jahre alt. Perfekt organisierte, geführte Radtour durchs Stadtzentrum inklusive Highlights, Geheimtipps, interessanter Geschichten und typischem Haager Gebäck. Wenn Sie Glück haben, übernimmt Brent persönlich die Führung (auch auf Englisch).

464 **MUSEUM BIKE TOUR BY HAAGSCHE STADSFIETS**
DU-NORD RIJWIELEN
Keizerstraat 27-29
Scheveningen - Altstadt ⑤
+31 (0)70 355 40 60
fietsverhuur zuidholland.nl

Leihen Sie sich ein Museumsfahrrad und bestimmen Sie selbst, welche Museen auf Ihrer Route liegen. Wenn Sie dort Ihren Fahrradschlüssel vorzeigen, bekommen Sie eine kleine Überraschung. Beim Verleih erhält man eine praktische Karte und eine Broschüre (auch auf Englisch). Für alle, die keine Lust auf Museum haben, gehört auch eine schöne Dünentour zum Angebot.

465 **CYCLE AND THE CITY**
Halstraat 12
Hofkwartier ②
+31 (0)6 24 46 71 55
cycleandthecity.nl

Entdecken Sie die Sehenswürdigkeiten und Geheimnisse Den Haags auf einem goldenen Fahrrad! Start und Ziel dieser unterhaltsamen und überraschenden Tour sind ein authentisches Café in der Innenstadt. Für Gruppen von acht oder mehr Personen, eine Tasse echter Haager Café, ein Mittagessen und (alkoholische) Getränke inklusive.

5 *außergewöhnliche* NATURERFAHRUNGEN

466 **MOLENKÖPFE IN SCHEVENINGEN**
Scheveningen – Hafen ⑤

Für Angler und Vogelliebhaber gleichermaßen interessant, denn hier gibt es Makrelen, Wolfsbarsche und Seezunge ebenso wie Watvögel, Austernfischer, Kiebitzregenpfeifer, gelegentlich sogar Robben. Fantastische Aussicht am »grünen« Molenkopf.

467 **DE ZANDMOTOR**
Südliches Umland ⑨
dezandmotor.nl

Diese Halbinsel in der Nähe von Kijkduin wurde 2011 geschaffen, um die gefährdete Küste zu schützen. Dazu wurden gewaltige Sandmengen aufgeschüttet – heute beobachten die Forscher genau, ob sich diese innovative Methode des Küstenschutzes bewährt.

468 **MEIJENDEL**
DE TAPUIT (BESUCHERZENTRUM)
Meijendelseweg 40-42
Wassenaar – Nördliches Umland ⑥
+31 (0)88 347 48 49
dunea.nl

Beim Wandern oder Radeln durch diesen atemberaubenden Naturpark zwischen Scheveningen und Wassenaar vergisst man schnell, dass die Stadt nur einen Katzensprung entfernt ist. Dünen, Seen, Wälder und das Meer machen diesen Park zu einem idealen Zufluchtsort. Wander- und Radtouren auf der Dunea-Homepage.

469 **WESTDUINPARK**

Segbroek und Loosduinen ⑨

westduinpark.nl

Die abwechslungsreiche Landschaft des Naturparks mit hohen Dünengipfeln, hellen Dünentälern, Wäldern und Buschwerk lässt vergessen, wie nahe die Stadt eigentlich ist. Eine Herde schottischer Hochlandrinder sorgt dafür, dass diese landschaftliche Vielfalt erhalten bleibt.

470 **SOLLEVELD & HYAZINTHENWALD OCKENBURGH**

PARKPLÄTZE:

Monsterseweg 4

Loosduinen ⑨

dunea.nl

zuidhollands landschap.nl

Tageskarten für diese versteckte, friedliche und absolut einmalige Dünenlandschaft sind erst seit Kurzem erhältlich. Neben dem Naturpark befindet sich hier auch das Landgut Ockenburgh mit einem öffentlich zugänglichen Hyazinthenwald: Im Frühjahr sind Duft und Farbe der blauen Blumen geradezu betörend.

466 **MOLENKÖPFE VON SCHEVENINGEN**

5 Entdeckungen in WESTLAND

471 **REBSCHULE NIEUW TUINZIGHT**
Zwethkade Zuid 45
Den Hoorn – Südliches Umland ⑨
+31 (0)174 292 911
druivenkwekerij.nl

Die biodynamischen Trauben aus dem Westland – »dem Garten Den Haags« sind saftig und lecker. Arnold und Hilde Jansen, die Besitzer der Rebschule, bauen hier mehrere (exklusive) Sorten an, die sie zur Erntezeit in ihrem kleinen Laden verkaufen. Neben dem Eingang steht übrigens ein schönes altes Traubengewächshaus von 1925.

471 REBSCHULE NIEUW TUINZIGHT

472 **SONNEHOECK**
Hollewatering 26
Kwintsheul –
Südliches Umland ⑨
+31 (0)6 53 31 81 21
sonnehoeck.nl

Dieser Familienbetrieb reicht bis ins 18. Jahrhundert zurück und ist damit eine der ältesten und besterhaltenen Rebschulen. Er kann am Tag des offenen Denkmals oder im Rahmen einer Führung besichtigt werden.

473 **FAHRRADVERLEIH WESTLAND / DE PLUKTUIN**
Hovenierstraat 9
Naaldwijk –
Südliches Umland ⑨
+31 (0)6 22 90 55 07
fietsverhuurwestland.nl
depluktuin.nl

Leihen Sie sich hier ein Fahrrad und informieren Sie sich im nahe gelegenen Teegarten De Pluktuin über geeignete Touren. Diese Ruheinsel im Herzen des Westlands wird wegen der vielen Gewächshäuser mit Obst und Gemüse auch »Glasstadt« genannt. Die kleinen Dörfer im Umkreis lassen sich am besten mit dem Rad erkunden.

474 **KAJAK- UND KANUVERLEIH DE ZWETH**
Zwet 1
Kwintsheul –
Südliches Umland ⑨
+31 (0)174 290 125
dezweth.nl

Hohes Schilf, malerische Polder und grasende Kühe – die Wasserstraßen des Westlands und des Midden-Delflands mit Kanu oder Kajak zu erkunden, ist ein echtes Erlebnis. Der Verleih befindet sich in einem kleinen Vergnügungspark, dort können Sie sich auch über die verschieden langen Touren durch die grüne Lunge der Randstad informieren.

475 **PLUKKERIJ FRAMBLIJ**
Zwartendijk 11
Monster –
Südliches Umland ⑨
+31 (0)6 12 03 15 22
plukkerijframblij.nl

Im Sommer können Sie hier Ihre eigenen Bio-Früchte pflücken – Himbeeren, Erdbeeren, Kirschen, Blaubeeren, Brombeeren und vieles mehr. Hausgemachter Obstkuchen, Tee und Kaffee, für die Kinder gibt es einen Spielplatz und einen Streichelzoo.

5 *Orte der* **RUHE UND ENTSPANNUNG**

476 **PAKJIRA ORIGINAL THAI MASSAGE**
Thomsonlaan 90a
Segbroek ⑧
+31 (0)70 744 84 96
pakjirathai.nl

Was gibt es nach einer harten Arbeitswoche Entspannenderes als eine Massage? Das Angebot der professionellen Massagetherapeuten reicht von traditioneller Thaimasssage bis hin zur philippinischen Hilot-Heilmassage. Auch Maniküre und Pediküre.

477 **WELEDA CITY SPA**
Aert van der Goesstraat 27
Scheveningen – Statenkwartier ③
+31 (0)70 219 50 79
cityspa.weleda.nl

Vor Kurzem im Statenkwartier eröffnetes Spa der bekannten Naturkosmetikmarke. Bei den ganzheitlichen Behandlungen zum Stressabbau, der Muskelentspannung und der Durchblutungsförderung steht immer das Wohlbefinden des Kunden im Vordergrund.

478 **BABASSU**
Dagelijkse Groenmarkt 30
Altstadt ①
+31 (0)70 360 89 65
babassu.nl

Spa und Kosmetikshop in einem! Im Erdgeschoss finden Sie so schwer aufzutreibende Marken wie etwa die zu hundert Prozent natürlichen Produkte von Tata Harper oder exklusive Düfte von Santa Maria Novella. Im Spa im ersten Stock können Sie dann bei einer der vielen Behandlungen neue Energie tanken. Reservierung erforderlich.

479 **FLOATING IM HEALTH LAB DE PIER**
Strandweg 152
Scheveningen - Strand ⑤
+31 (0)70 369 88 58
healthlabdepier.nl

Beim Floating treibt man scheinbar schwerelos in einem Salzwassertank, was die Stimmung verbessern, das Energieniveau heben, Stress und Schmerzen verringen und Ihnen zu neuen Dimensionen der Entspannung verhelfen kann. Die ungewöhnliche Lage dieses Wellness-Centers am Pier von Scheveningen sorgt für einen einzigartigen Ausflug in die Schwerelosigkeit.

480 **CAESAR FITNESS + SPA RESORT**
Mauritskade 10
Willemspark ④
+31 (0)70 820 99 10
caesar-denhaag.nl

Dieser luxuriöse Fitnessclub mit Spa-Bereich beeindruckt mit einem liebevollen Wiederaufbau des ältesten Hallenbads der Niederlande, da sich bei der Sanierung des Gebäudes herausstellte, dass das 1883 errichtete Schwimmbecken nicht mehr zu sanieren war. Die gusseisernen Säulen und Aufbauten stammen noch aus dem Originalbad. Nur für Mitglieder.

5 *inspirierende*

NEUE ERFAHRUNGEN

481 **WEINHERSTELLUNG**
HAAGSE STADSWIJNGAARD
Waldorpstraat 555
Laak ⑨
haagsestadswijngaard.nl

Ja, es gibt auch niederländischen Wein – 2013 eröffnete der Weinliebhaber Tycho Vermeulen hinter dem Bahnhof Hollands Spoor ein kleines urbanes Weingut. Sie können Reben »mieten«, die im Herbst gemeinsam geerntet und zu Wein verarbeitet werden.

482 **IMKEREI**
IMKERS VERENIGING DEN HAAG
Leidsestraatweg 51
Haagse Hout ⑥
+31 (0)71 561 44 37
imkersdenhaag.nl

Hier erfahren Sie alles über das interessante Leben der Bienen und wie man selbst Imker wird. Der Kurs ist extrem beliebt, rechnen Sie also mit einer Warteliste. Am ersten Sonntag im Monat ist der wunderschöne Bienengarten der Imkervereinigung für die Öffentlichkeit zugänglich.

483 **REITEN**
'S-GRAVENHAAGSCHE STADSRIJSCHOOL
Kazernestraat 50
Voorhout ②
+31 (0)70 363 25 20
stadsrijschool.com

Älteste nichtmilitärische, von König Louis Bonaparte Anfang des 19. Jahrhunderts gegründete Reitschule Hollands. Ein verstecktes Juwel in einem historischen Monumentalbau hinter der Lange Voorhout. Die Schule bietet Ausritte an den Strand sowie durch Dünen- und Waldlandschaften an.

484 **STAND-UP-PADDLING**
SUPLES DEN HAAG
Jaap Edenweg 10
Loosduinen ⑨
+31 (0)6 39 11 56 65
suplesdenhaag.nl

Der Süden Den Haags mit seinen ruhigen Wasserstraßen ist bestens zum Stand-up-Paddling geeignet. Job Keukens von Suples bringt Anfängern die grundlegenden Techniken und Sicherheitsmaßnahmen bei, Fortgeschrittene können eine Tour durch Den Haag buchen. Großartige Übung für Körper und Geist!

485 **SALSA**
LA BODEGUITA
Oude Molstraat 32d
Hofkwartier ②
+31 (0)6 23 04 58 62
labodeguita.nl

Salsa kommt nie aus der Mode! In dieser beliebten Tanzschule in der Altstadt können Sie unter fachgerechter Anleitung einen Anfängerkurs absolvieren oder ihre Technik verbessern. Am Freitagabend verwandelt sich die Tanzschule in einen quirligen Salsa-Club.

481 WEINHERSTELLUNG

493 **ERSTER NIEDERLÄNDISCHER TENNISPLATZ**

15 WISSENSWERTE DINGE UND UNNÜTZE DETAILS

5 GEMEINNÜTZIGE INITIATIVEN

486 LEKKERNASSÛH
Witte de Withstraat 127
Zeeheldenkwartier ③⑧
+31 (0)6 43 87 18 91
lekkernassuh.org

Wenn Sie sich und dem Planeten etwas Gutes tun wollen, melden Sie sich bei Lekkernassûh (Haager Slang für »Leckerbissen«) an. Einmal pro Woche können Sie Bio-Produkte wie Obst oder Käse sowie Gemüse der Saison bei einem von Ehrenamtlichen organisierten Markt an verschiedenen Orten in Den Haag abholen. Eigene Behältnisse mitbringen.

487 VRIENDEN VAN DEN HAAG / FREUNDE DEN HAAGS
vriendenvandenhaag.nl

Die Vereinigung »Freunde Den Haags« wurde 1973 gegründet, um den Abriss des Kurhauses zu verhindern. Bis heute kümmert sie sich darum, dass das charakteristische Stadtbild erhalten bleibt. Für Mitglieder gibt es regelmäßige Führungen zu interessanten »Hidden Secrets« der Stadt. Nur auf Niederländisch.

488 **I'M BINCK**
Laak
imbinck.nl

Viele Jahre lang war Binckhorst ein anonymes Industriegebiet, bis es von Designern, Architekten, Künstlern und Geschäftsleuten entdeckt wurde. Diese Initiative hat es sich zum Ziel gesetzt, das Viertel bekannter und lebenswerter zu machen, indem sie viele örtliche Aktivitäten wie Festivals oder Führungen organisiert und bewirbt.

489 **HAAGSE HUISKAMER / HAAGER WOHNZIMMER**
+31 (0)70 763 14 98
justiceandpeace.nl/en/initiatives/

Die Integration Geflüchteter in die Haager Gesellschaft geschieht nicht von selbst. Diese Plattform vernetzt Menschen und Organisationen, damit sich alte wie neue Einwohner in Den Haag zu Hause fühlen. Mitmachen kann jeder, der zu mehr Vielfalt und Toleranz beitragen will.

490 **DUURZAAM DEN HAAG / NACHHALTIGES DEN HAAG**
Riviervismarkt 5
Altstadt ①
+31 (0)70 364 30 70
duurzaamdenhaag.nl

Nur eine grüne Stadt hat Zukunft! Das Ziel dieser unabhängigen Stiftung ist es, Geschäfte und Privathaushalte zu mehr Nachhaltigkeit zu motivieren. Wenn Sie selbst dazu beitragen wollen, schauen Sie einfach mal bei einer der Stationen vorbei (siehe Homepage).

5 *ungewöhnliche*

ENTDECKUNGEN

491 **UNTERIRDISCHE AUSSTELLUNG: DE AFFICHE GALERIJ**
Spui (Straßenbahntunnel)
Altstadt ①

In diesem nüchternen, von Rem Kolhaas entworfenen Straßenbahntunnel unter der Spui organisiert das Stadtarchiv vier bis sechs Ausstellungen pro Jahr mit über 60 oft von namhaften Künstlern gestalteten Werbepostern aus Archivbeständen. Eintritt frei.

492 **»GEHEIMZUGANG« ZUM PALASTGARTEN**
Molenstraat 27h
Hofkwartier ②

Angeblich benutzte ein abenteuerlustiger Prinz diesen Eingang, um sich ungesehen aus dem Noordeinde-Palast schleichen zu können. Heute ist er auch für das gemeine Volk geöffnet. Gehen Sie zum Ende der Molenstraat (am alten Tor vorbei) und klingeln Sie bei Nummer 27h.

493 **ERSTER NIEDERLÄNDISCHER TENNISPLATZ**
BINNENHOF
Voorhout ②

Kaum vorstellbar, aber einst wurde im Binnenhof tatsächlich Tennis gespielt! In der Nähe des »kleinen Turms« befindet sich eine Gedenktafel, die darauf hinweist, dass sich an dieser Stelle von 1500 bis 1650 der »Caetsbaan der Prinzen von Oranien« befand – der erste Tennisplatz des Landes.

494 ATOMBUNKER

Schedelhoekshaven
(unter dem Haager
Campus der
Universität Leiden)
Uilebomen ②
+31 (0)70 747 01 02

In Den Haag gibt es 15 dieser um die wichtigsten Regierungsgebäude verteilten Relikte aus dem Kalten Krieg. Der größte dieser für Minister und hochrangige Beamte gedachten Untergrundbunker fasste 200 Personen und befindet sich unter dem ehemaligen Innenministerium. Besichtigung nur mit Führung.

495 IN DEN HAAG GEDREHTE FILME

Die historische Altstadt, die majestätischen Villen, die moderne Architektur sowie die Sandstrände, Dünen und Parks sind einmalige Drehorte. Viele niederländische und einige internationale Filme wurden hier gedreht, zum Beispiel Steven Soderberghs *Ocean's Twelve* (im Atrium des Rathauses) oder Paul Verhoevens *Black Book*.

491 UNTERIRDISCHE AUSSTELLUNG: DE AFFICHE GALLERIJ

5 EVENTS, *die Sie nicht verpassen sollten*

496 **NEUJAHRS-SCHWIMMEN**
Scheveningen – Strand
unox.nl/nieuwjaarsduik

Mit 10 000 Teilnehmern ist das traditionelle Neujahrsschwimmen in Scheveningen das größte dieser über 60 Veranstaltungen in den Niederlanden. Wer am Neujahrsmorgen in die bitterkalte Nordsee springt, verdient sich eine Mütze in den Nationalfarben und eine Dose echt niederländischer Erbsensuppe.

497 **JAZZ IN DE GRACHT**
VERSCHIEDENE LOCATIONS
Voorhout
Hofkwartier
Chinatown
jazzindegracht.nl

Sehr zum Ärger der vielen Jazzfreunde Den Haags wurde das jährliche North Sea Jazz Festival nach Rotterdam verlegt. Doch viele (neue) Initiativen sorgen dafür, dass die Jazzszene lebendig bleibt. Beispielsweise an diesen drei Tagen im August, wenn Boote mit Jazzbands durch die Kanäle der Stadt treiben. Genießen Sie die Gratiskonzerte mit einem Drink an einem schönen Sommerabend.

498 **PRINSJESDAG**
NOORDEINDE-PALAST, LANGE VOORHOUT, BINNENHOF
Voorhout
Hofkwartier

Erhaschen Sie einen Blick auf das Königspaar, wenn es in der Kutsche und mit Militäreskorte vom Noordeinde-Palast zum Binnenhof fährt, wo der König vor dem Parlament sprechen wird. Die weiblichen Abgeordneten tragen Designerhüte, die männlichen Frack. Immer am dritten Dienstag im September zur Eröffnung des parlamentarischen Sitzungsjahrs.

499 **KONINGSNACHT & KONINGSKERMIS**
VERSCHIEDENE LOCATIONS & MALIEVELD
thelifeilive.nl
kermisdenhaag.nl

Selbstverständlich wird der Geburtstag des Königs auch in der Stadt gefeiert, in der er residiert. Am Vorabend und am 27. April spielen im Rahmen des beliebten zweitägigen *The Life I Live*-Musikfestivals verschiedene Bands überall in der Innenstadt. In den zwei Wochen bis zum Königstag findet auf dem Malieveld ein großes Fest für Jung und Alt statt.

500 **VLAGGETJESDAG / FLAGGENTAG SCHEVENINGEN**
HAFEN VON SCHEVENINGEN
Scheveningen – Hafen
vlaggetjesdag.com

Die größte Heringsparty der Welt! Wenn der *Hollandse Nieuwe*, der »neue Hering« der Fangsaison, eintrifft, feiert Scheveningen den »Flaggentag«. Alles ist mit Fahnen geschmückt, die Fischer singen Seemannslieder, die Kinder spielen alte niederländische Spiele und es wird traditionelles Kunsthandwerk angeboten. Und natürlich gibt es überall Matjeshering.

REGISTER

IMPRESSUM

DEUTSCHE AUSGABE © 2022 BRUCKMANN VERLAG GMBH,
INFANTERIESTRASSE 11A, 80797 MÜNCHEN

AUTORIN – Tal Maes

FOTOS – Tal Maes – www.talmaes.com – www.kitchentablefood.com

COVERFOTO – Beachclub in Scheveningen — Shutterstock/Martin Bergsma

LAYOUT – Joke Gossé und doublebill.design

DEUTSCHE ÜBERSETZUNG UND SATZ – Stefanie Adam

PROJEKTLEITUNG – Claudia Hohdorf, Maren Langendorff

LEKTORAT – Sabine Tönnies

KORREKTORAT – Christiane Gsänger

HERSTELLUNG – Alexander Knoll

Printed in Slovenia by Florjancic
ISBN 978-3-7343-1988-4
© 2019, Luster Publishing, Antwerpen; 2. Auflage September 2021
lusterpublishing.com – the500hiddensecrets.com – info@lusterpublishing.com

Die Deutsche Nationalbibliothek verzeichnet diese Publikation in der Deutschen Nationalbibliografie; detaillierte bibliografische Daten sind im Internet über http://dnb.d-nb.de abrufbar.